北大版新HSK应试辅导丛书

■ 听力材料
■ 答案
■ 题解

Papers with Solutions

SAMPLE TEST FOR 走进

NEW HSK

II 新 汉语水平考试
全真模拟试题及题解

夏小芸 刘影 沈灿淑 王建强 编著

北京大学出版社
PEKING UNIVERSITY PRESS

目 录

HSK（四级）全真模拟试题（第6套）听力材料 ………………………………… 1
HSK（四级）全真模拟试题（第7套）听力材料 ………………………………… 9
HSK（四级）全真模拟试题（第8套）听力材料 ………………………………… 17
HSK（四级）全真模拟试题（第9套）听力材料 ………………………………… 25
HSK（四级）全真模拟试题（第10套）听力材料 ……………………………… 33

HSK（四级）全真模拟试题（第6套）答案 ……………………………………… 41
HSK（四级）全真模拟试题（第7套）答案 ……………………………………… 43
HSK（四级）全真模拟试题（第8套）答案 ……………………………………… 45
HSK（四级）全真模拟试题（第9套）答案 ……………………………………… 47
HSK（四级）全真模拟试题（第10套）答案 …………………………………… 49

HSK（四级）全真模拟试题（第6套）题解 ……………………………………… 51
HSK（四级）全真模拟试题（第7套）题解 ……………………………………… 65
HSK（四级）全真模拟试题（第8套）题解 ……………………………………… 80
HSK（四级）全真模拟试题（第9套）题解 ……………………………………… 94
HSK（四级）全真模拟试题（第10套）题解 …………………………………… 109

HSK（四级）全真模拟试题（第 6 套）听力材料

（音乐，30 秒，渐弱）

大家好！欢迎参加 HSK（四级）考试。
大家好！欢迎参加 HSK（四级）考试。
大家好！欢迎参加 HSK（四级）考试。

HSK（四级）听力考试分三部分，共 45 题。
请大家注意，听力考试现在开始。

第 一 部 分

一共 10 个题，每题听一次。

例如：我想去办个信用卡，今天下午你有时间吗？陪我去一趟银行？
　　★ 他打算下午去银行。

　　现在我很少看电视，其中一个原因是，广告太多了，不管什么时间，也不管什么节目，只要你打开电视，总能看到那么多的广告，浪费我的时间。
　　★ 他喜欢看电视广告。

现在开始第 1 题：

1. 我爷爷已经七十多岁了，但是他从来不觉得自己老，每天都坚持锻炼，身体特别好。
　　★ 爷爷身体很健康。

2. 我对张小阳的第一印象还是挺好的，但约会几次以后，我发现他是个不太准时的人，这让我觉得很讨厌。
　　★ 她很讨厌张小阳。

3. 夏天到了，很多人都喜欢喝刚刚从冰箱里拿出来的饮料，喝下去以后觉得很凉快，但这对身体非常不好。

★ 夏天喝饮料对身体不好。

4. 这两种洗衣机卖得都挺好。左边这种颜色漂亮，很受年轻人喜欢；右边这种比较省电，使用方法也很简单。
   ★ 她是售货员。

5. 这种植物喜欢湿润的环境，直接放在水里养也可以。但它不喜欢阳光，所以最好别把它放在太阳下。
   ★ 这种植物喜欢水和阳光。

6. 张老师，认识你这么多年，还不知道你的京剧竟然唱得这么好，跟专业的京剧演员差不多啊！下次一定要给大家表演一下。
   ★ 张老师京剧唱得很好。

7. 我想把这些美元换成人民币，另外，再给我办一张银行卡，把换好的钱存到这张卡里去。
   ★ 他要把人民币换成美元。

8. 这种季节最适合喝羊肉汤了。我小的时候，每到冬天，妈妈都要做羊肉汤，一喝下去就感觉身上热乎乎的。
   ★ 现在是冬天。

9. 请别人吃饭，最好提前两三天发出邀请，这不仅表示对别人的尊重，而且也方便客人提前安排好时间。
   ★ 提前发出邀请比较有礼貌。

10. 我先去理发，你就在家等我吧。理完了我打电话给你，你再下来。超市十点钟才关门呢，来得及。
    ★ 他们现在要去超市买东西。

第 二 部 分

一共15个题,每题听一次。

例如:女:该加油了,去机场的路上有加油站吗?
　　　男:有,你放心吧。
　　　问:男的主要是什么意思?

现在开始第11题:

11. 男:你们家每天下了班,是你做饭还是你丈夫做饭?
　　 女:他呀,你问问他进过厨房吗!
　　 问:女的是什么意思?

12. 女:儿子,交给你一个任务,手机被我弄坏了,你去修一下。
　　 男:今天不行,上午学校有考试,下午我还有一场网球比赛。
　　 问:男的今天上午要做什么?

13. 男:别再喝茶了,否则晚上会睡不着觉的。
　　 女:你别担心,我喝多少茶都能睡着。
　　 问:女的是什么意思?

14. 女:当你一切顺利的时候,对你好的人不一定是你的朋友。
　　 男:是啊,只有当你遇到困难时,才能发现谁是真正的朋友。
　　 问:他们在谈论什么?

15. 男:那时我是班里最不听话的学生了,没少让您头疼。
　　 女:是啊,你干的那些小坏事,我都还记得呢!
　　 问:女的和男的最可能是什么关系?

16. 女:我刚刚租了新房子,打算周末搬家,你来帮帮我,行吗?我请你吃饭。
　　 男:没问题啊,吃饭就不用了。
　　 问:女的在做什么?

17. 男：王经理，明天的会议两点还是两点半开始？
    女：两点。你通知一下，请大家提前十五分钟到场。
    问：明天的会议几点开始？

18. 女：我想买台电脑，下午你能跟我一起去看看吗？我开车去医院接你。
    男：今天下午病人比较多，我很忙，明天吧。
    问：男的可能是什么人？

19. 男：我们去体育馆打乒乓球吧。
    女：你先去吧，这本书还有几页，我看完就去。
    问：女的是什么意思？

20. 女：你看这个沙发怎么样？我觉得挺漂亮的。
    男：坐上去很舒服，但只能坐两个人，如果再长点儿就更好了。
    问：男的觉得这个沙发怎么样？

21. 男：我这次出国要三个星期，你要上班，还得做饭、买菜、照顾孩子，真是辛苦你了。
    女：你出差我就多干点儿，没关系。
    问：男的要做什么？

22. 女：你最近好像总是没精神，脸色也差，是不是生病了？
    男：没有，可能是经常加班，休息得不好吧。
    问：男的怎么了？

23. 男：你想理什么样的？长点儿还是短点儿？
    女：就按照原来的样子理吧，稍微短点儿就行。
    问：他们可能在哪儿？

24. 女：刚刚洗好的衣服还没干呢，你怎么就拿进来了？
    男：你看外面天都阴了。
    问：男的为什么把衣服拿进来？

25. 男：妈妈，我不想吃药，太苦了，我多喝点儿热水吧。
    女：你这次感冒很严重，不吃药是不会好的。
    问：根据对话，可以知道什么？

第 三 部 分

一共20个题，每题听一次。

例如：男：把这个材料复印五份，一会儿拿到会议室发给大家。
    女：好的。会议是下午三点吗？
    男：改了。三点半，推迟了半个小时。
    女：好，六零二会议室没变吧？
    男：对，没变。
    问：会议几点开始？

现在开始第26题：

26. 女：你今天不是坐飞机去北京了吗？
    男：飞机晚点了，我改了明天的票。
    女：我看飞机是越来越不方便了，没几个航班能准时起飞的。
    男：但不管怎么说，飞机还是比火车快啊。
    问：女的是什么意思？

27. 男：你最近参加招聘会的情况怎么样？
    女：我去了几个招聘会，但没什么特别合适的工作。
    男：是不是你的要求太高了？
    女：我的要求就是学的专业知识能用上。
    问：女的最近在忙什么？

28. 女：《丽江之夜》真好看！
    男：我觉得里面的音乐特别美，故事也很感人。
    女：是啊，很多电影看起来热热闹闹的，但看完以后不会让人感动。
    男：所以它能获得那么多的电影奖啊！
    问：他们在谈论什么？

29. 男：听说很多人都要考这个大学的经济学专业。
    女：当然，这个大学的经济学专业是全国最好的。
    男：那我还是别考这个专业了，竞争肯定特别厉害。
    女：你成绩那么好，一定能考上。
    问：关于这个专业，可以知道什么？

30. 女：你怎么一吃完饭就坐在沙发上看电视？
    男：上班太累了，回到家就想做点儿轻松的事儿。
    女：但这样对身体不好。
    男：那从明天开始我去游泳吧。
    女：但是游泳以后千万别再吃东西，那样会变胖的。
    问：女的想让男的做什么？

31. 男：我看了检查结果，你的感冒比较严重，打两天针吧。
    女：我最怕打针了，您还是给我开药吧。
    男：可是吃药的效果不如打针快。
    女：效果慢一点儿也没关系。
    男：那我先开一个星期的吧。
    问：他们可能在哪儿？

32. 女：你怎么眼睛红红的？看起来一点儿精神都没有。
    男：我昨天晚上加班加到一点多才回家。
    女：为什么这么辛苦啊？
    男：有一份计划书今天一定要交给经理。
    问：男的怎么了？

33. 男：张教授，星期一就要开讨论会了，但会议需要的材料我还没准备好呢。
    女：没关系，会议推迟了三天。
    男：星期五开的话，我肯定能准备好。
    女：别忘了，所有的材料都要复印二十份。
    问：讨论会什么时候举行？

34. 女：小王，这次去哪儿了？
    男：韩国五日游。
    女：我真羡慕你，能免费到处去旅游。
    男：当旅游变成工作的时候，你就不会觉得愉快了。
    问：关于男的，下面哪个是正确的？

35. 男：北门外新开了一家饭店，我们去那儿吃吧。
    女：是不是食品商店旁边那家？
    男：对，他们的菜又香又辣，味道特别好。
    女：是吗？我去吃过一次，除了咸吃不出别的味道。
    问：女的觉得那家饭店的菜怎么样？

第36到37题是根据下面一段话：

一个有钱的父亲对儿子说："你大学毕业已经一年了，怎么还不出去找工作？我像你这么大的时候，已经辛苦地在外面赚钱了。"儿子边吃巧克力边说："你辛苦是因为你没有一个富爸爸，我可以不辛苦，是因为我有一个有钱的好爸爸。"

36. 父亲想让儿子干什么？
37. 儿子觉得自己的父亲为什么会辛苦？

第38到39题是根据下面一段话：

现在有很多交朋友的网站，这些交友网站可以帮你找到跟你兴趣爱好相同的朋友，让忙着工作的现代人，不出门也能交到朋友，所以很受年轻人喜爱。但是上交友网站的时候一定要注意，有些人说的不一定是真话。

38. 什么人喜欢交友网站？
39. 上交友网站要注意什么？

第40到41题是根据下面一段话：

小文，对不起，最近公司事情很多，所以我的心情不太好，因为一点儿小事就向你发脾气。你上班一天也辛苦了，下班还要做饭，我不但不帮忙，还乱发脾气，真是太不应该了。我保证以后改掉自己的坏脾气，请你原谅我，好吗？

40. 说话人现在心情怎么样？
41. 说话人在做什么？

第42到43题是根据下面一段话：

有一个女孩，她的丈夫特别喜欢看足球比赛。有一天，女孩想看别的节目，丈夫不让，女孩很生气，就回到了自己的父母家。看见父亲一个人坐在电视机旁看足球比赛，她问："妈妈去哪儿了？"父亲说："回她妈妈家了。"

42. 女孩为什么回自己的爸爸妈妈家？
43. 女孩的妈妈去哪儿了？

第44到45题是根据下面一段话：

电视在我们的生活中越来越重要了，但是不应该把太多的时间花在看电视上，因为看电视会引起很多问题。电视花去了我们看书学习的时间；长时间看电视对眼睛不好；特别喜欢在家看电视的人常常不愿意跟别人交流。

44. 这段话讨论的是什么问题？
45. 特别喜欢看电视的人会怎么样？

听力考试现在结束。

HSK（四级）全真模拟试题（第7套）听力材料

（音乐，30秒，渐弱）

大家好！欢迎参加 HSK（四级）考试。
大家好！欢迎参加 HSK（四级）考试。
大家好！欢迎参加 HSK（四级）考试。

HSK（四级）听力考试分三部分，共45题。
请大家注意，听力考试现在开始。

第 一 部 分

一共10个题，每题听一次。

例如：我想去办个信用卡，今天下午你有时间吗？陪我去一趟银行？
　　　★ 他打算下午去银行。

　　　现在我很少看电视，其中一个原因是，广告太多了，不管什么时间，也不管什么节目，只要你打开电视，总能看到那么多的广告，浪费我的时间。
　　　★ 他喜欢看电视广告。

现在开始第1题：

1. 随着手机、电脑的普遍使用，写信的人越来越少了，以前那种寄出一封信，然后等着回信的激动心情也没有了。
　　★ 现在写信的人很少。

2. 在中国，自行车不仅是一种运动工具，也是一种交通工具。很多人都喜欢骑自行车上下班，因为骑自行车很方便，更重要的是不会堵车。
　　★ 在中国，自行车是常用的交通工具。

3. 小张，听说你是我们市最年轻的中学高级教师了，祝贺你！毕业后这几年，你把时间都花在了工作上，真是不简单。

★ 他在祝贺小张。

4. 这次考试不太难,但是我由于马虎,很多不应该错的地方都错了,没有获得好成绩,真是太可惜了。
   ★ 这次考试他考得非常好。

5. 从小养成好的学习习惯,对你将来的学习会有很大的帮助,你可能与别人用的学习时间相同,但获得的学习效果却比别人好。
   ★ 好的学习习惯对学习有帮助。

6. 其实我也知道不吃早饭对身体不好,但是我每天晚上都加班加到十一二点,早上就特别想多睡一会儿。
   ★ 他不喜欢吃早饭。

7. 记得儿子两岁时第一次坐飞机,他非常害怕,飞的过程中一直拉着我的手问:"妈妈,如果飞机突然掉下去怎么办?"
   ★ 儿子第一次坐飞机很紧张。

8. 我喜欢看京剧,我觉得演员的衣服很漂亮,表演的时候很热闹,虽然听不太懂,但是能猜出内容的大概意思。
   ★ 他能完全听懂京剧。

9. 这位先生,我想提醒您一下,在加油站打电话是很危险的,请您加完油出去再打,好吗?
   ★ 他们在加油站。

10. 这场比赛我们班差一点儿就赢了,同学们都觉得很可惜。但是大家都努力了,所以也没什么可后悔的。
    ★ 这次比赛他们班赢了。

第 二 部 分

一共15个题，每题听一次。

例如：女：该加油了，去机场的路上有加油站吗？
　　　男：有，你放心吧。
　　　问：男的主要是什么意思？

现在开始第11题：

11. 男：小张，那份市场调查做好了没有？
　　 女：经理，我星期五肯定交给您。
　　 问：女的什么时候交市场调查？

12. 女：你以前的专业不就是电脑吗？
　　 男：我大学毕业已经十多年了，以前学的那些知识早就还给老师了。
　　 问：男的是什么意思？

13. 男：你最近好像瘦了很多，在减肥吗？
　　 女：减什么肥啊？年底了，公司特别忙。
　　 问：关于女的，可以知道什么？

14. 女：一盒巧克力、五双袜子、两包饼干、三瓶饮料。好，要买的东西都记下来了，走吧。
　　 男：没钱了，咱们得先去取点儿钱。
　　 问：他们可能先去哪儿？

15. 男：他不敢直接来找你，怕你再跟他发脾气，所以请我来向你道歉。
　　 女：如果想得到我的原谅，他应该自己来道歉。
　　 问：女的是什么意思？

16. 女：我们学校的刘老师要结婚了，咱们下了班去给她买件礼物吧。
    男：今晚我要加班，明天吧。
    问：男的今晚要做什么？

17. 男：我希望上大学学习法律，以后帮助那些请不起律师的穷人。
    女：我啊，最想做艺术方面的工作。
    问：他们在谈论什么？

18. 女：夏雨本来是我最好的朋友，可她怎么能这样对我呢？
    男：你不能不给她解释的机会啊，不及时交流可能会出现误会。
    问：男的是什么意思？

19. 男：难道人活着就是为了工作赚钱吗？
    女：当然不是，但工作赚钱是为了更好地活着。
    问：女的是什么意思？

20. 女：对不起，我下午出去逛街忘了带手机，你找我有事吗？
    男：我本来有两张下午的京剧演出票，想请你去看的。
    问：男的本来打算做什么？

21. 男：东西太多了，毛巾、牙刷什么的就别带了。
    女：带着吧，用自己的东西对环境保护有好处。
    问：女的为什么要自己带毛巾和牙刷？

22. 女：昨晚那场比赛怎么样？
    男：没看过比这更精彩的比赛了，"梦之队"差点儿就输了。
    问：这场比赛怎么样？

23. 男：听说老王要去美国了，她是去旅游还是去出差？
    女：她女儿刚刚生了孩子，老王想过去照顾照顾。
    问：老王要去美国做什么？

24. 女：音乐声音这么大，学习效果能好吗？
    男：要是没有音乐，我早就睡着了。
    问：关于男的，可以知道什么？

25. 男：我的牙经常疼，刷牙的时候疼得更厉害。
    女：那您可以试试这种牙膏，里面含有中药，对牙疼特别有效果。
    问：女的可能是什么人？

第 三 部 分

一共 20 个题，每题听一次。

例如：男：把这个材料复印五份，一会儿拿到会议室发给大家。
    女：好的。会议是下午三点吗？
    男：改了。三点半，推迟了半个小时。
    女：好，六零二会议室没变吧？
    男：对，没变。
    问：会议几点开始？

现在开始第 26 题：

26. 女：怎么堵车了？
    男：这条路窄，容易堵车，别急。
    女：能不急吗？上班快迟到了。
    男：放心吧，还有半个小时呢，肯定不会迟到的。
    问：他们怎么了？

27. 男：我今天忘了带手机，觉得很不习惯。
    女：我也经历过，就好像与社会失去了联系一样。
    男：其实手机在给我们带来方便的同时，也会让我们一直紧张。
    女：对，所以应该过过没有手机的生活。
    问：他们在谈论什么？

28. 女：我们还是买点儿旧家具算了。
    男：为什么？
    女：等咱们有了自己的房子再买新家具吧。
    男：你说得也对，那就按照你的意思办吧。
    问：他们有什么打算？

29. 男：最近天天下雨，真不舒服。
    女：下雨之后，空气多湿润啊！
    男：我是北方长大的，所以很不适应这种天气。
    女：没关系，多住几年就会好的。
    男：南方人皮肤好可能也跟这种气候有关系。
    问：关于男的，可以知道什么？

30. 女：听说这次出国学习的机会给了小周？
    男：对，这是大家开会决定的。
    女：小周专业方面的能力不是最强的啊。
    男：但小周工作特别积极主动，大家对他印象很好。
    问：男的觉得小周为什么可以出国？

31. 男：听说你现在正在读博士。
    女：对，上半年刚刚考上的。
    男：学的是什么专业？
    女：食品安全，正好跟我的工作有关系。
    问：根据对话，可以知道什么？

32. 女：请问你们几位？
    男：我们一共三个人，还有两位马上到。
    女：这边请。这是菜单。请问您现在点菜吗？
    男：等人都来了再点吧。
    女：好的，您点菜的时候再叫我。
    问：他们可能在哪儿？

33. 男：听说你跟小张分手了，什么原因？他不是挺好的吗？
    女：不是挺好，是太好了。
    男：那为什么啊？
    女：他好得几乎没有缺点，就像一面镜子一样，让我总是能看到自己的缺点。
    问：女的是什么意思？

34. 女：这次考试你女儿成绩怎么样？
    男：不知道，我没问她。
    女：我女儿数学差点儿就没通过。
    男：分数只是个数字，并不一定能说明孩子学得怎么样，你别看得那么重。
    问：男的是什么意思？

35. 男：看，我买了一种水果味道的牛奶，你尝尝。
    女：不管什么牛奶，我都不喜欢它的味道。
    男：可是牛奶对身体特别好，特别是我们年龄大的人更应该多喝。
    女：那好吧，我试试。
    问：女的打算做什么？

第36到37题是根据下面一段话：

　　老张在外地工作，请一个出差的朋友带一件礼物回家给自己的儿子。他对朋友说："请把它带给世界上最可爱的孩子。"但是老张的儿子并没有收到朋友带回去的礼物，老张去问朋友，朋友笑着说："我认为我的儿子是全世界最可爱的孩子啊！"

　　36. 老张想让朋友把礼物带给谁？
　　37. 老张的朋友为什么把礼物送给了自己的儿子？

第38到39题是根据下面一段话：

　　很多夫妻看起来都很像，一方面是因为共同生活在一起，吃相同的饭菜会让他们越来越像；另一方面，很多人都会选择跟自己比较像、看着舒服的人做丈夫或者妻子。

38. 根据这段话，很多人会选择什么样的人做丈夫或妻子？

39. 夫妻为什么会很像？

第40到41题是根据下面一段话：

　　大家晚上好！我原来只是抱着试一试的想法来的，没想到真的能当上这个公司的经理。感谢你们给我的一票，谢谢你们对我的信任！虽然我的个人能力不是最强的，但我一定会认真工作，让我们公司发展得越来越好，让你们的收入越来越高。

40. 说话人现在的心情怎么样？

41. 关于说话人，可以知道什么？

第42到43题是根据下面一段话：

　　医院旁边这条路修好以后，变得宽多了。以前一遇到上下班的时间，我就头疼，那么多车堵在一起，管理起来特别困难。现在好了，我也轻松多了。除了我，最高兴的还有出租车司机，他们不会再因为堵车而烦恼了。

42. 说话人可能是什么人？

43. 这条路现在怎么样？

第44到45题是根据下面一段话：

　　比起在家看影碟，我更喜欢去电影院看电影，因为效果是完全不一样的。但这几年，我很少去电影院了，因为电影票越来越贵，而且更重要的是，高质量的电影也越来越少了，很多电影看过以后不知道拍电影的人想表达什么。

44. 她以前为什么喜欢去电影院看电影？

45. 她现在很少去电影院看电影，主要原因是什么？

听力考试现在结束。

HSK（四级）全真模拟试题（第8套）听力材料

（音乐，30秒，渐弱）

大家好！欢迎参加 HSK（四级）考试。
大家好！欢迎参加 HSK（四级）考试。
大家好！欢迎参加 HSK（四级）考试。

HSK（四级）听力考试分三部分，共45题。
请大家注意，听力考试现在开始。

第 一 部 分

一共10个题，每题听一次。

例如：我想去办个信用卡，今天下午你有时间吗？陪我去一趟银行？
　　★ 他打算下午去银行。

　　现在我很少看电视，其中一个原因是，广告太多了，不管什么时间，也不管什么节目，只要你打开电视，总能看到那么多的广告，浪费我的时间。
　　★ 他喜欢看电视广告。

现在开始第1题：

1. 我们常常把锻炼身体看得太复杂了，其实，走路上班，不坐电梯，在公共汽车上站一会儿，都是很好的锻炼。
   ★ 锻炼是很简单的事。

2. 他虽然年纪很小，可是说话、做事看起来比较成熟，就像个大人一样。我们觉得很有趣，都叫他"小大人"。
   ★ 他现在已经长大了。

3. 我计划先进大学读法律专业，毕业以后再参加律师考试，通过考试后就有可能成为一名律师了。

★ 他想成为一名律师。

4. 我刚刚开始做生意，现在对我来说最重要的是积累经验，多认识一些朋友，赚钱是其次。
   ★ 他最希望多赚点儿钱。

5. 第一次一个人出门旅游时，你也许不敢随便跟不认识的人聊天儿。可是，如果一直这样，不就永远都不可能交到新朋友了吗？
   ★ 旅游时应该去认识新朋友。

6. 你打开这本杂志，翻到70页，看看作者是谁。老师说我这篇文章写得不错，我就寄给了他们。
   ★ 他是一名记者。

7. 昨天那场羽毛球比赛真精彩啊！因为两位运动员的水平差不多，不知道最后谁能赢，所以每个观众都很紧张。
   ★ 参加比赛的人很紧张。

8. 秋天天气干燥，皮肤也因此很不舒服，这让很多女孩子烦恼。医生说要多喝水，多吃水果，早点儿睡觉。
   ★ 天气干燥时应该多吃点儿水果。

9. 如果放弃出国留学的机会，也许你现在觉得没什么，可是年纪大了以后，你一定会感到后悔的。
   ★ 你应该去外国留学。

10. 我认为自己不是一个感情特别丰富的人，可是他们的表演让我非常感动，看完以后竟然流下了眼泪。
    ★ 这个表演让人感动。

第二部分

一共15个题,每题听一次。

例如:女:该加油了,去机场的路上有加油站吗?
　　　男:有,你放心吧。
　　　问:男的主要是什么意思?

现在开始第11题:

11. 男:这个周末我得去外地开会,我们另外找时间出去玩儿吧。
　　 女:你先忙工作,旅行的事就安排到月底吧。
　　 问:他们计划什么时候出去玩儿?

12. 女:这次麻烦你了,真不好意思,哪天我请你吃饭吧。
　　 男:请客就不用了,我只希望你下次别那么马虎了。
　　 问:男的是什么意思?

13. 男:你醒了?感觉好点儿了吗?要不要陪你去医院看看?
　　 女:不发烧了,还有点儿咳嗽。你别担心。
　　 问:关于女的,可以知道什么?

14. 女:行李箱我收拾好了,还得买点儿路上吃的东西。
　　 男:我来买吧。我先去学校上班,回来的路上去趟超市。
　　 问:男的现在要去哪儿?

15. 男:如果小李不想参加那个演出,就算了吧,让别的人参加也行啊。
　　 女:但他是最优秀的,没有人可以代替。
　　 问:女的是什么意思?

16. 女:老张请咱们办公室的人今晚一起去看电影,你为什么不去啊?
　　 男:朋友邀请我去参加一个艺术家的见面会。
　　 问:男的今晚要做什么?

17. 男：原来不是说小美一个人唱歌吗？
    女：女儿说一个人唱会害羞，所以她请几个小朋友一起表演。
    问：他们在谈论什么？

18. 女：新来的老师真漂亮，而且还是从国外的著名大学毕业的。
    男：你别老羡慕别人啊，你自己也有很多优点。
    问：男的是什么意思？

19. 男：小黄真在那个广告公司工作吗？我怀疑他在骗我们。
    女：没调查清楚前不要乱说，我认为他不是那样的人。
    问：女的对小黄是什么态度？

20. 女：听说你去语言学校报名学法语了？
    男：是啊，我以前有点儿基础，现在差不多都忘了，所以想再学学。
    问：男的打算做什么？

21. 男：这本小说很精彩吗？你已经看了一下午了。
    女：小说的作者我以前见过，对她的印象很好，所以很有兴趣读一读。
    问：女的为什么想读这本小说？

22. 女：你回来了？云南的风景怎么样？
    男：我们去了云南好几个地方，都美极了，这一趟太值得了！
    问：这次旅游怎么样？

23. 男：那个专业非常难考，竞争非常厉害。
    女：即使只有万分之一的可能，我也要试一试。
    问：女的决定做什么？

24. 女：当时那辆车开过来的时候速度非常快，难道你不害怕吗？
    男：越是危险的时候，我们越要冷静。
    问：关于男的，可以知道什么？

25. 男：我刚才带着孙子在这儿散步，可一回头忽然发现孙子不见了。
    女：他几岁？长什么样？穿什么颜色的衣服？
    问：女的可能是什么人？

第 三 部 分

一共20个题，每题听一次。

例如：男：把这个材料复印五份，一会儿拿到会议室发给大家。
      女：好的。会议是下午三点吗？
      男：改了。三点半，推迟了半个小时。
      女：好，六零二会议室没变吧？
      男：对，没变。
      问：会议几点开始？

现在开始第26题：

26. 女：这份材料我估计没两三个小时写不完。
    男：又要加班啊！
    女：没办法，明天讨论时要用。
    男：那咱们快开始吧。
    问：他们现在要做什么？

27. 男：四点了，听一下城市音乐台的广播吧。
    女：怎么？有什么特别的节目吗？
    男：有一个对钢琴家郎朗的访问。
    女：哦，我去开。
    问：他们在谈论什么？

28. 女：今天休息，咱们把家里打扫一下吧。
    男：那我来整理书房。
    女：书架还是挺整齐的，你擦擦就行了。
    男：窗户也脏了，等一下我来擦。
    问：他们打算做什么？

29. 男：这些花表达了我对你的感情，请收下。
    女：给我的？
    男：你觉得很吃惊吗？
    女：有点儿吃惊，但也很感动。
    问：关于男的，可以知道什么？

30. 女：这车开了好几年了吧？打算什么时候换新车？
    男：我暂时没这个计划。
    女：你怎么那么节约啊？
    男：能用就行了，干吗浪费呢？
    问：男的为什么不换新车？

31. 男：你觉得谁最合适？
    女：高明。他能力不错，经验也很丰富。
    男：可惜年龄大了点儿。
    女：不过他条件挺好的。
    男：我再考虑考虑。
    问：通过对话，可以知道什么？

32. 女：下一班地铁还有三分钟就到了。
    男：两张地铁票才四块钱，真便宜。
    女：是啊，速度也非常快。
    男：坐公共汽车到那儿，大约要一个小时。
    女：现在只要二十分钟就到了。
    问：他们可能在哪儿？

33. 男：你这么晚才回来？
    女：去的时候路上一直堵车。
    男：后来找到那个市场了吗？
    女：唉！网站上的地址不对，电话号码也不对。
    问：女的今天怎么样？

34. 女：现在污染越来越严重了。
    男：是啊，所以应该保护环境。
    女：我现在很少用塑料袋。
    男：只要人人都养成好习惯，世界就会更美丽。
    问：男的是什么意思？

35. 男：你到底进过厨房没有？
    女：洗菜、洗碗我会，做菜好像是第一次。
    男：你的技术肯定不怎么样。
    女：即使太咸或者太甜，你也得吃啊。
    男：我保证都吃完。
    问：女的打算做什么？

第36到37题是根据下面一段话：

她开了家花店，生意很忙，所以母亲过生日时，她都会提前寄去一份礼物。有一天，一个小孩走进来，说："我想买朵花。"她笑着问："送给谁啊？"小孩流着泪说："给在天上的妈妈。"小孩走后，她出发了，现在还来得及，她要亲手把花送到母亲的手上。

36. 那个小孩的妈妈怎么了？
37. 她决定做什么？

第38到39题是根据下面一段话：

浪漫的爱情电影可能会给人们提供九十分钟的轻松和快乐，但是它可能也会影响人们对爱情的看法。四分之一的观众认为，爱人应该更理解他们，更重视他们；五分之一的观众表示，这种电影让他们觉得自己应该收到很贵的礼物和很多的鲜花。

38. 浪漫的电影能给观众带来什么？
39. 观众看了这种电影后会有什么想法？

第 40 到 41 题是根据下面一段话：

大家好！我们今天毕业了。我想对老师说，我们忘不了您课上对我们的表扬，课后给我们的鼓励；我们忘不了您在风雨中给我们打伞，为了我们的安全，一直送我们到车站。我们要向每一位老师表达最真心的感谢！

40. 说话人现在心情怎么样？
41. 说话人提到老师为学生做过什么？

第 42 到 43 题是根据下面一段话：

如果平时只要孩子想要什么，家长就马上同意，那么孩子就会养成爱着急的脾气。这样的坏脾气不是一天两天养成的，所以改变需要时间，家长也一定要有耐心。如果孩子今天脾气好，一定要及时鼓励孩子，让孩子知道，如果不那么着急，就会得到表扬。

42. 如果孩子要什么有什么，会变得怎么样？
43. 如果孩子今天脾气好，家长应该怎么做？

第 44 到 45 题是根据下面一段话：

上大学的时候，我们喝啤酒都是大口、大碗地干杯，有时候喝多了，就边走边大声地唱歌，觉得只有这样才能表达出自己的快乐。现在成熟了，不那么喜欢热闹了，跟一两个好朋友找个安静的地方，喝杯红酒，聊聊天儿，交流交流，也十分愉快。

44. 大学时"我们"为什么喜欢干杯？
45. "我"现在更喜欢什么样的环境？

听力考试现在结束。

HSK（四级）全真模拟试题（第9套）听力材料

（音乐，30秒，渐弱）

大家好！欢迎参加 HSK（四级）考试。
大家好！欢迎参加 HSK（四级）考试。
大家好！欢迎参加 HSK（四级）考试。

HSK（四级）听力考试分三部分，共45题。
请大家注意，听力考试现在开始。

第 一 部 分

一共10个题，每题听一次。

例如：我想去办个信用卡，今天下午你有时间吗？陪我去一趟银行？
　　★ 他打算下午去银行。

　　现在我很少看电视，其中一个原因是，广告太多了，不管什么时间，也不管什么节目，只要你打开电视，总能看到那么多的广告，浪费我的时间。
　　★ 他喜欢看电视广告。

现在开始第1题：

1. 有人喜欢在路上边骑自行车边听音乐，其实这样做是不太安全的，容易发生危险。
   ★ 骑车时听音乐不安全。

2. 这种啤酒是我们这里最有名的，以前很便宜，现在的价格已经比以前贵了好几倍了。
   ★ 这种啤酒现在很便宜。

3. 这个学期工作比较忙，要准备新课，学生也要参加中考，不过到了寒假就能好好休息了。

★ 他是一位老师。

4. 在我最困难的时候，小李一直鼓励我、支持我，现在小李有需要，我肯定不会拒绝他的。
   ★ 他愿意帮助朋友。

5. 每个人都有优点和缺点，千万不要害怕说出自己的缺点，我们只有注意到自己的缺点，才能变得更好。
   ★ 不要注意自己的缺点。

6. 父母一直希望能早点儿抱孙子，我现在年纪越来越大，也希望找到一个爱我的人，有一个温暖的家。
   ★ 他很想结婚。

7. 比赛前，教练对我说，你要努力让自己赢，但是输了也没关系。赢和输是每个人都必须经历的过程。
   ★ 教练让他一定要赢。

8. 搬进新房子以前，可以多买点儿绿色植物放在房间里，这样可以大大地减少污染。
   ★ 房子里放些植物更漂亮。

9. 刚开始学汉语时，我的发音和语法都有问题，可是我很勇敢地用汉语跟别人交流，进步果然很大。
   ★ 学语言要多听多说。

10. 兴趣是孩子最好的老师，家长在这方面别限制孩子，就让兴趣帮助孩子增加丰富的知识吧。
    ★ 家长不要限制孩子的兴趣。

第 二 部 分

一共15个题，每题听一次。

例如：女：该加油了，去机场的路上有加油站吗？
　　　男：有，你放心吧。
　　　问：男的主要是什么意思？

现在开始第11题：

11. 男：去北方过春节？那儿天太冷了，冬天大家一般都去南方。
　　 女：我的想法正相反，在北方才能看到真正的冬天。
　　 问：女的想什么时候去北方？

12. 女：你知道吗？国内有一些保护小动物的专门组织。
　　 男：真的吗？有关情况你能说得更详细一点儿吗？
　　 问：男的是什么意思？

13. 男：这个问题不太严重，你有必要自己去一趟北京吗？
　　 女：既然这个工作交给我做，我就要负责到底。
　　 问：关于女的，可以知道什么？

14. 女：会议结束了吧？晚上我想请你去饭店吃饭。
　　 男：我马上要回宾馆拿行李，然后就直接去机场了。
　　 问：男的马上要去哪儿？

15. 男：弟弟已经道过几次歉了，态度也很好，你就别生气了，原谅他吧。
　　 女：谁说我还在生气啊？
　　 问：女的是什么意思？

16. 女：大家都到电影院了，就差你一个了，你怎么还没到啊？
　　 男：我十分钟前就到了，可是怎么也找不到入口。
　　 问：男的在做什么？

17. 男：你作业做好了？也复习完了？那今天晚上能轻松一下了。
    女：我还得看看明天要学的内容，先准备一下。
    问：女的打算做什么？

18. 女：这是我的学生证，还有申请表，难道还需要学校的证明吗？
    男：是的，没有学校的证明真的办不了。
    问：男的是什么意思？

19. 男：你去跟小文谈过了吗？有效果吗？
    女：他那种态度真让人受不了，我以后再也不想跟他说话了。
    问：女的对小文是什么态度？

20. 女：周末有京剧表演，今天星期四了，现在买票还来得及吗？
    男：我今天大概五点下班，下班后我去试试看。
    问：男的今天打算做什么？

21. 男：我在报纸上看到一篇文章，介绍了你们的新节目。
    女：我们的节目内容又健康又有趣，非常适合全家一起坐在电视机前看。
    问：他们在谈论什么？

22. 女：拿到奖金了吧，你是打算去旅游还是去购物？
    男：我上个月用信用卡买了不少东西，我得赶快用奖金去还信用卡的钱。
    问：男的要做什么？

23. 男：你就是张伟啊？看这名字，我还以为是个小伙子呢。
    女：是啊，很多人都有这样的误会。
    问：男的对什么有误会？

24. 女：听说你们自己在院子里种菜？
    男：这样既可以锻炼身体，又能吃到新鲜的蔬菜，现在可流行了。
    问：男的做了什么？

25. 男：您的每一部电影和电视剧我们都看过，大家都非常喜欢您的表演。
    女：谢谢你们的支持。
    问：女的可能是什么人？

第 三 部 分

一共20个题，每题听一次。

例如：男：把这个材料复印五份，一会儿拿到会议室发给大家。
    女：好的。会议是下午三点吗？
    男：改了。三点半，推迟了半个小时。
    女：好，六零二会议室没变吧？
    男：对，没变。
    问：会议几点开始？

现在开始第26题：

26. 女：选咱们熟悉的车吧，会比较好开。
    男：行，就选这种两个座位的。
    女：咱们要租几天？
    男：路上来回两天，在那儿玩儿两天，一共四天。
    问：他们准备做什么？

27. 男：你为什么总爱喝冰的？
    女：运动完了，又热又渴，喝冰饮料才舒服。
    男：热饮料也解渴，而且对身体更好。
    女：那我以后也多喝热的。
    问：他们在谈论什么？

28. 女：今天晚上想吃什么？我请客。
    男：我们自己在家做吧。
    女：这个星期这么忙，别做饭了，多累啊！
    男：自己做的吃起来才香啊。
    问：男的有什么打算？

29. 男：你的日语说得真流利！你是怎么学的？
    女：我跟一个日语老师学了两年。
    男：只学了两年？
    女：后来我又看了不少日本电影，参加了不少日语活动。
    问：关于女的，可以知道什么？

30. 女：你怎么能在这儿抽烟？
    男：这儿有个垃圾桶啊。
    女：你没看见"禁止吸烟"四个字吗？
    男：哦，对不起，我没注意。
    问：男的为什么被批评？

31. 男：小张他们三个人要加班，晚上不来吃饭了。
    女：是吗？我正打算出门去买菜呢。
    男：哦，那就少买点儿吧。
    女：你这个电话打得太及时了。
    问：根据对话，可以知道什么？

32. 女：我喜欢那张长沙发。
    男：那张是挺漂亮的，不过有点儿贵。
    女：售货员说可以打八折。
    男：如果买，马上就可以帮我们送货吗？
    女：我去问问。
    问：他们可能在哪儿？

33. 男：你们走路去海边了？
    女：是啊，海边实在太远了，我们走了两个多小时。
    男：啊？那后来游泳了吗？
    女：到那儿的时候，我已经完全没有力气了！
    问：女的怎么了？

34. 女：你拿出所有的钱帮助她，你当时是怎么考虑的？
    男：不帮她，她的生命就有危险。
    女：其实你的收入也不是很高。
    男：对我来说，没有比生命更重要的东西了。
    问：男的是什么意思？

35. 男：这些日记都是你写的吗？
    女：是啊，从小学三年级一直写到现在。
    男：可是有时候很无聊啊，你写什么呢？
    女：拍张照片贴上去或者画张画儿都可以表达心情。
    男：你可真能坚持啊！
    问：女的一直坚持做什么？

第36到37题是根据下面一段话：

他有一个习惯——关上身后的门。"你这样做有什么原因吗？"朋友问他。他微笑着对朋友说："我这样做是为了提醒自己：把过去的一切都留在后面，不管是让人兴奋的成绩，还是让人难受的失败，然后，你才可以重新开始。"

36. 他有一个什么习惯？
37. 他的目的是什么？

第38到39题是根据下面一段话：

梦是一种回忆，还是对将来的一种反映？梦到底有什么特别的意思？我们该怎么解释梦境呢？医生觉得梦可以反映一个人的健康情况，科学家认为梦可以反映一个人真正的愿望。也就是说，大多数人认为梦与现实有着某种联系。

38. 科学家认为梦可以反映什么？
39. 大多数人对梦有什么看法？

第40到41题是根据下面一段话：

你们好！感谢大家来参加这个晚会，让我们鼓掌欢迎我们共同的朋友——著名画家范明先生。范先生是中国画家的优秀代表，他的山水画受到很多人的喜爱，而且他在今年的国际比赛中获得了大奖。让我们一起举杯，向他表示祝贺！

40. 说话人在介绍什么人？
41. 关于范明，可以知道什么？

第42到43题是根据下面一段话：

最近邮局组织了一个活动，参加的人可以给十年以后的自己写一封信。信中可以写下对十年后的自己想说的话，比如说自己的愿望什么的。这些信会在邮局中放十年，十年后寄出。如果地址有变化，在网络上就可以修改。

42. 这个活动让人们写信给谁？
43. 如果地址有变化，应该怎么做？

第44到45题是根据下面一段话：

人们常说："社会不可能来适应你，所以你只好去适应社会。"这句话也许是对的，但是，如果社会上的一些想法和做法不正确，我们还是应该坚持正确的，我们可以试着去改变周围的环境。每个人只有为自己的理想去努力，将来才不会后悔。

44. 说话人认为哪种做法是对的？
45. 怎么做将来才不会后悔？

听力考试现在结束。

HSK（四级）全真模拟试题（第10套）听力材料

（音乐，30秒，渐弱）

大家好！欢迎参加 HSK（四级）考试。
大家好！欢迎参加 HSK（四级）考试。
大家好！欢迎参加 HSK（四级）考试。

HSK（四级）听力考试分三部分，共45题。
请大家注意，听力考试现在开始。

第 一 部 分

一共10个题，每题听一次。

例如：我想去办个信用卡，今天下午你有时间吗？陪我去一趟银行？
　　★ 他打算下午去银行。

　　现在我很少看电视，其中一个原因是，广告太多了，不管什么时间，也不管什么节目，只要你打开电视，总能看到那么多的广告，浪费我的时间。
　　★ 他喜欢看电视广告。

现在开始第1题：

1. 欢迎您乘坐南方公司的航班，本次航班由北京飞往成都，飞机十分钟后就要起飞了。祝您一路愉快！
　　★ 飞机已经起飞了。

2. 爸爸妈妈都在国外工作，除了春节他们会回来住一个星期，其他时间我都是一个人生活。
　　★ 他平时一个人生活。

3. 其实打电话比发短信方便得多，但很多人还是喜欢发短信。因为有些说不出口的话，很适合发短信告诉别人。

★ 发短信更方便。

4. 我不是一个粗心的人，但有一次不小心把公司的一份重要材料弄丢了，被经理批评了一顿。
   ★ 他经常会把材料弄丢。

5. 小张，听说你考上教育学的博士了，真是太好了！以后我在教育儿子方面有问题就可以问你了。
   ★ 小张的专业是教育学。

6. 电梯坏了，我只好自己走上来。十层楼爬上来，腿都酸了。年龄大了，爬这么高真是受不了啊！
   ★ 他住的地方没有电梯。

7. 表达能力对一个人来说非常重要，特别是在面试的时候，表达能力好的人更容易找到工作。
   ★ 找工作时，表达能力很重要。

8. 你好，这条裙子请帮我洗一下，上次吃饭弄上了油。我下周有活动要穿，星期四之前能洗好吗？
   ★ 她下个星期有活动。

9. 妈妈，你看，老虎还在睡觉，没起床呢！我们还是先去看猴子吧，我要给猴子吃香蕉。
   ★ 他们在动物园。

10. 我觉得在中小城市生活挺好的，不像大城市那么忙，压力也不太大，人很容易感到幸福。
    ★ 他很想去大城市生活。

第 二 部 分

一共 15 个题，每题听一次。

例如：女：该加油了，去机场的路上有加油站吗？
　　　男：有，你放心吧。
　　　问：男的主要是什么意思？

现在开始第 11 题：

11. 男：我给你打了好几个电话，怎么都打不通啊？
    女：是吗？对不起，我换了手机号码，忘了告诉你了。
    问：女的的电话为什么打不通？

12. 女：明天去给孩子买生日礼物吧。
    男：我上午要去公司安排演出的事情，忙完了打电话给你，我们一起去买。
    问：他们明天一起做什么？

13. 男：入秋以来，一场雨也没下，太干燥了。
    女：是啊，我觉得自己的皮肤干干的，应该多喝点儿水。
    问：他们在谈论什么？

14. 女：我再给你加两个菜吧。
    男：不用了，我把剩下的这点儿吃完就够了，再要就浪费了。
    问：男的是什么意思？

15. 男：你的舞跳得很好，这次晚会应该表演一下。
    女：我本来报名参加了，但前几天被车撞了，腿受伤了，不能跳了。
    问：关于女的，可以知道什么？

16. 女：你的工作挺好的，放弃了不觉得可惜吗？
    男：我觉得自己的能力还不够，想先考个管理方面的研究生。
    问：关于男的，可以知道什么？

17. 男：桌子椅子我都擦干净了，还要干什么？
    女：把黑板擦一下吧，我来整理老师的讲台，同学们来了一定会吃惊的。
    问：他们可能在做什么？

18. 女：我上次给你介绍的小于怎么样？
    男：性格不错，就是感觉说话啊、考虑问题什么的，像个小孩子。
    问：根据对话，可以知道小于怎么样？

19. 男：今天的饺子真香啊！要是再咸一点儿就好了。
    女：你们北方人喜欢吃咸一点儿的，我们家一直吃得比较淡。
    问：男的觉得今天的饺子怎么样？

20. 女：现在已经八点十五分了，希望你下次准时一点儿。
    男：真对不起，半路上车坏了，我下次一定注意。
    问：根据对话，可以知道什么？

21. 男：那篇经济学方面的文章复印好了吗？会议明天就举行了。
    女：差点儿忘了，我马上就去。
    问：女的打算做什么？

22. 女：我买的是三点去上海的火车票，都两点五十五了，车怎么还不来？
    男：晚点了，四点二十分火车才能进站。
    问：火车什么时候来？

23. 男：知道我为什么找你谈话吗？
    女：知道，我最近经常不交作业，上课也不注意听讲。
    问：男的可能是什么人？

24. 女：最近顾客特别多，一直讲话，嗓子不舒服，说话的时候特别疼。
    男：那你得多喝水，少说话，保护一下嗓子了。
    问：女的怎么了？

25. 男：我只想买这个大的牙膏，小的我不要。
    女：老爷爷，这个小牙膏不要钱，是我们超市送给您的。
    问：女的是什么意思？

第 三 部 分

一共20个题，每题听一次。

例如：男：把这个材料复印五份，一会儿拿到会议室发给大家。
    女：好的。会议是下午三点吗？
    男：改了。三点半，推迟了半个小时。
    女：好，六零二会议室没变吧？
    男：对，没变。
    问：会议几点开始？

现在开始第26题：

26. 女：你新换了一台电脑啊？
    男：是啊，原来那台经常出问题。
    女：这种深蓝色真漂亮。
    男：对我来说，是什么颜色没关系，我看中的是它的速度。
    问：新电脑怎么样？

27. 男：说定了，星期一我去办公室找你。
    女：没问题。
    男：那我就不打扰你了，先走了。
    女：留下来吃晚饭吧，我做菜的水平还可以。
    男：不了，公司晚上还要开会呢。
    问：他们最可能在哪儿？

28. 女：周末别加班了，咱们去看电影吧。
    男：不加班哪有奖金啊？
    女：你忘了？周六是我们的结婚纪念日。
    男：对啊！我差点儿忘了。
    问：通过对话，可以知道什么？

29. 男：您好！有什么需要帮助的吗？
    女：我下午在超市买东西，后来发现钱包不见了。
    男：钱包里有什么？
    女：八百多块钱，还有一张信用卡。
    问：女的怎么了？

30. 女：家里的冰箱坏了，你找人修一下吧。
    男：但是我明天要出差。
    女：又出差啊！去几天？
    男：明天去，星期五下午回来。
    女：要去四天啊，那我找人修吧。
    问：男的什么时候出差回来？

31. 男：这儿的气候跟我们国家完全不一样。
    女：你现在习惯了吗？
    男：还没有，这里的冬天太冷了，开了空调也没用。
    女：我觉得运动运动会暖和一点儿。
    男：好主意。
    问：女的有什么建议？

32. 女：老张，听说你当教授了，祝贺你啊。
    男：谢谢，明天下了班一起去吃饭吧，我已经请了小王他们了。
    女：真可惜，明天晚上我要去看比赛。
    男：那我下次再请你吧。
    问：男的明天晚上要做什么？

33. 男：老刘，是你啊！你怎么到这儿来了？
    女：我去五楼的书店给孩子买本词典。
    男：哦，我要跟朋友在七楼的咖啡馆见面。
    女：五楼到了，我先下去了，再见啊！
    问：他们可能在哪儿？

34. 女：你看我买的沙发怎么样？
    男：太可爱了！像个大西瓜。
    女：不但可爱，而且坐着很舒服。
    男：休息的时候，坐在上面一边喝茶一边看书，多美啊！
    问：女的买了什么？

35. 男：请问，这附近有修手表的吗？
    女：过了马路往前走，有个光大超市，超市一楼就有。
    男：大概要走多久？
    女：不远，五六分钟吧。
    问：男的在找什么？

第36到37题是根据下面一段话：

　　大熊猫最早出现在200到300万年前，它们生活在中国东部和南部的大部分地区。最近几百年来，大熊猫的生活发生了很大的变化，它们以前住过的地方，现在已经住满了人，所以它们现在只能生活在1200到3400米的高山上。

36. 关于大熊猫，哪一项是正确的？
37. 大熊猫现在一般生活在哪里？

第38到39题是根据下面一段话：

　　第一次和喜欢的女孩子约会，他很紧张，不知道说什么好。他平时喝咖啡喜欢加糖，但是那天忘记了，女孩高兴地说："我也跟你一样，喜欢喝苦咖啡。"于是他们从咖啡聊起，聊了一个晚上。后来，女孩成了他的妻子。

38. 第一次约会，他感觉怎么样？

39. 他为什么喝苦咖啡？

第 40 到 41 题是根据下面一段话：

我是去年考上大学的，我的专业是中国画。没有课的时候，我也教小孩子画画儿。他们都是四五岁的孩子，在我的课上，我让孩子们随便画想画的东西，像不像没关系，只要有自己的想法就行。

40. 说话人是什么人？

41. 他觉得孩子画画儿时最重要的是什么？

第 42 到 43 题是根据下面一段话：

我刚来公司不久，跟大家不太熟悉，所以很少跟同事们在一起交流。但是我这次生病，大家都很关心我。如果没有你们的照顾，我不会好得这么快，大家对我的好我会永远记在心里的。

42. 说话人在干什么？

43. 说话人以前为什么很少跟大家交流？

第 44 到 45 题是根据下面一段话：

小时候常常希望自己快点儿长大，可以不用爸爸妈妈管，可以做任何自己想做的事。长大以后才发现，其实生活和自己想的不一样，有很多事情还是不能由自己来决定。这时候又想过小时候那种没有烦恼、没有压力的生活了。

44. 说话人小时候有什么希望？

45. 说话人长大以后觉得怎么样？

听力考试现在结束。

HSK（四级）全真模拟试题（第6套）答案

一、听 力

第 一 部 分

| 1. √ | 2. √ | 3. × | 4. √ | 5. × |
| 6. √ | 7. × | 8. √ | 9. √ | 10. × |

第 二 部 分

11. A	12. B	13. D	14. A	15. D
16. B	17. C	18. A	19. C	20. D
21. B	22. C	23. A	24. D	25. B

第 三 部 分

26. B	27. A	28. C	29. B	30. D
31. B	32. A	33. D	34. D	35. A
36. B	37. D	38. C	39. A	40. B
41. C	42. B	43. D	44. A	45. C

二、阅 读

第 一 部 分

| 46. F | 47. C | 48. A | 49. B | 50. E |
| 51. E | 52. B | 53. A | 54. F | 55. D |

第 二 部 分

| 56. CAB | 57. BAC | 58. CBA | 59. ACB | 60. ABC |
| 61. ACB | 62. CBA | 63. BCA | 64. BAC | 65. ACB |

第三部分

66. C	67. B	68. A	69. C	70. D
71. A	72. B	73. D	74. A	75. B
76. D	77. C	78. A	79. C	80. D
81. B	82. A	83. C	84. B	85. D

三、书 写

第一部分

86. 这种牙膏对牙疼很有效。

87. 我拒绝了这个要求。

88. 我把密码忘记了。

89. 你能谈谈对这件事的看法吗？

90. 这种精神值得我们学习。

91. 南方的气候比北方湿润。

92. 你应该重新申请签证。

93. 她的动作很标准。

94. 他给大家留下了很深的印象。

95. 年轻人不要随便换工作。

第二部分

(参考答案)

96. 这种汤的味道很好。/汤的味道好极了。

97. 她太伤心了。/她看上去很伤心。

98. 小心，别撞我！/姐姐要撞到妹妹了。

99. 垃圾桶非常乱。/这些东西有点儿乱。

100. 这个洗衣机很新。/洗衣机可以洗衣服。

HSK（四级）全真模拟试题（第7套）答案

一、听力

第一部分

1. √ 2. √ 3. √ 4. × 5. √
6. × 7. √ 8. × 9. √ 10. ×

第二部分

11. D 12. C 13. A 14. B 15. C
16. B 17. A 18. D 19. C 20. A
21. B 22. A 23. C 24. B 25. D

第三部分

26. A 27. D 28. B 29. C 30. D
31. C 32. B 33. A 34. A 35. B
36. C 37. B 38. C 39. A 40. D
41. B 42. C 43. B 44. D 45. A

二、阅读

第一部分

46. F 47. E 48. A 49. B 50. C
51. B 52. A 53. E 54. F 55. D

第二部分

56. ACB 57. CAB 58. BCA 59. CBA 60. BAC
61. ABC 62. BCA 63. CAB 64. ABC 65. CBA

第 三 部 分

66. C	67. B	68. A	69. B	70. C
71. A	72. B	73. A	74. D	75. C
76. B	77. C	78. A	79. C	80. D
81. B	82. A	83. C	84. B	85. D

三、书　写

第 一 部 分

86. 时间恐怕来不及了。

87. 办公室通知我明天开会。

88. 把桌子推到外面去。

89. 你想邀请谁参加？

90. 这个问题由小张负责解决。

91. 你知道正确答案了吗？

92. 这份计划更详细。

93. 张老师对孩子十分耐心。

94. 怎么连父母都不信任？

95. 他很积极地参加了活动。

第 二 部 分
（参考答案）

96. 他们正在办公室聊天儿呢。／他们聊天儿聊得很高兴。

97. 她的京剧唱得特别好。／她会唱京剧。

98. 孩子脱了衣服。／小朋友脱衣服洗澡。

99. 我希望有一份浪漫的爱情。／他们真浪漫啊！

100. 喝太多的饮料对身体不好。／我喜欢喝饮料。

HSK（四级）全真模拟试题（第8套）答案

一、听　力

第 一 部 分

1. √	2. ×	3. √	4. ×	5. √
6. ×	7. ×	8. √	9. √	10. √

第 二 部 分

11. D	12. A	13. B	14. A	15. C
16. C	17. B	18. A	19. D	20. C
21. B	22. A	23. A	24. D	25. C

第 三 部 分

26. D	27. B	28. B	29. A	30. A
31. D	32. C	33. B	34. B	35. D
36. B	37. D	38. A	39. C	40. A
41. D	42. B	43. B	44. D	45. C

二、阅　读

第 一 部 分

46. C	47. E	48. A	49. F	50. B
51. B	52. F	53. D	54. E	55. A

第 二 部 分

56. CBA	57. ACB	58. BAC	59. CBA	60. CAB
61. ACB	62. BAC	63. ABC	64. CAB	65. CBA

第三部分

66. C	67. A	68. C	69. A	70. D
71. C	72. D	73. B	74. C	75. D
76. B	77. B	78. D	79. A	80. B
81. C	82. C	83. C	84. A	85. D

三、书 写

第一部分

86. 朋友借给我他的词典。
87. 妈妈允许我晚点儿回来。
88. 他想吸引观众的注意。
89. 你要收拾多长时间?
90. 张老师解释了这个语法。
91. 各班快到操场集合。
92. 你的发音极其标准。
93. 怎么向她表示感谢呢?
94. 我从来不为这种事烦恼。
95. 她说这个活动进行得很顺利。

第二部分
(参考答案)

96. 她尝了尝那杯咖啡。/你想尝一下这杯茶吗?
97. 这个服务员很热情。/这个服务员在跟顾客说话。
98. 比赛结果是多少?/我不知道比赛的结果。
99. 她常常自己逛商店。/她逛商店买了很多东西。
100. 在海边游泳真凉快。/外面比家里凉快。

HSK（四级）全真模拟试题（第9套）答案

一、听　力

第一部分

1. √   2. ×   3. √   4. √   5. ×
6. √   7. ×   8. ×   9. √   10. √

第二部分

11. D   12. C   13. D   14. C   15. B
16. A   17. C   18. B   19. A   20. C
21. D   22. D   23. A   24. B   25. B

第三部分

26. C   27. A   28. B   29. D   30. A
31. D   32. B   33. C   34. C   35. A
36. C   37. A   38. B   39. B   40. A
41. D   42. D   43. C   44. D   45. A

二、阅　读

第一部分

46. E   47. C   48. A   49. F   50. B
51. B   52. F   53. D   54. A   55. E

第二部分

56. BCA   57. ABC   58. ACB   59. ABC   60. ACB
61. BAC   62. CBA   63. ACB   64. CAB   65. ABC

第三部分

66. A	67. D	68. C	69. D	70. B
71. B	72. C	73. D	74. A	75. C
76. B	77. C	78. A	79. B	80. A
81. C	82. A	83. D	84. C	85. B

三、书 写

第一部分

86. 谁想陪我看电影？

87. 应该跟老师商量一下。

88. 夏天搬家挺辛苦的。

89. 每个人都可以说出意见。

90. 经理总结了今年的工作成绩。

91. 我顺利通过了考试。

92. 那个比赛推迟了多长时间？

93. 中秋节的月亮真圆！

94. 谁能找出失败的原因呢？

95. 那儿缺少有经验的外语老师。

第二部分
（参考答案）

96. 小心，别掉下来。／孩子害怕掉下来。

97. 他在看电视广告。／他觉得广告很有意思。

98. 你猜猜，那位老人多大年龄了？／那位老人年龄很大了。

99. 这位老师的课很有趣。／她觉得学生们很有趣。

100. 这块蛋糕非常软。／我喜欢吃又香又软的蛋糕。

HSK（四级）全真模拟试题（第10套）答案

一、听 力

第一部分

1. × 2. √ 3. × 4. × 5. √
6. × 7. √ 8. √ 9. √ 10. ×

第二部分

11. C 12. D 13. A 14. B 15. C
16. D 17. A 18. B 19. C 20. A
21. D 22. D 23. B 24. C 25. B

第三部分

26. B 27. A 28. C 29. A 30. D
31. B 32. C 33. D 34. C 35. D
36. C 37. B 38. A 39. C 40. B
41. A 42. D 43. B 44. A 45. B

二、阅 读

第一部分

46. F 47. C 48. A 49. E 50. B
51. F 52. A 53. E 54. D 55. B

第二部分

56. BAC 57. ABC 58. CBA 59. CAB 60. ACB
61. ACB 62. BCA 63. CAB 64. ABC 65. CBA

第 三 部 分

66. C	67. D	68. A	69. B	70. B
71. A	72. D	73. C	74. B	75. D
76. B	77. A	78. C	79. B	80. A
81. C	82. B	83. D	84. A	85. C

三、书 写

第 一 部 分

86. 墙上挂着一张中国地图。

87. 她积累了很多工作经验。

88. 我们可以免费提供羽毛球。

89. 这本书的内容更精彩。

90. 你必须向他做出保证。

91. 他没有申请到来中国的签证。

92. 这种药的效果怎么样?

93. 他的回答十分准确。

94. 你能按时完成任务吗?

95. 那个地方不太值得去。

第 二 部 分
(参考答案)

96. 她正在理发。/她很高兴地去理发。

97. 这种椅子比较硬。/这把椅子看起来很硬。

98. 她最近压力很大。/她有很大的压力。

99. 他不想收拾这些书。/他很久没有收拾了。

100. 她每天都写日记。/写日记是个好习惯。

HSK（四级）全真模拟试题（第6套）题解

一、听 力

第一部分

1. 这句话说，爷爷已经七十多岁了，但"每天都坚持锻炼，身体特别好"。也就是说，爷爷身体很健康。正确答案是"√"。

2. 这句话说："我对张小阳的第一印象还是挺好的"，但是后来发现张小阳约会的时候不太准时，"这让我觉得很讨厌"。也就是说，"我"现在很讨厌张小阳。正确答案是"√"。

3. 这句话说，刚从冰箱里拿出来的饮料喝着很凉快，但是"这对身体非常不好"。也就是说，喝刚从冰箱里拿出来的饮料对身体不好，但不是说夏天喝饮料对身体不好。正确答案是"×"。

4. 说话人说："这两种洗衣机卖得都挺好"，然后又介绍两种洗衣机的特点。也就是说，说话人正在向对方介绍洗衣机，那么她有可能是卖洗衣机的售货员。正确答案是"√"。

5. 这句话说"这种植物喜欢湿润的环境"，所以可以直接放在水里养，但是"它不喜欢阳光"，不能放在太阳下。也就是说，这种植物喜欢水但不喜欢阳光。正确答案是"×"。

6. 说话人说："张老师，认识你这么多年，还不知道你的京剧竟然唱得这么好，跟专业的京剧演员差不多啊！"也就是说，张老师京剧唱得非常好，达到了专业演员的水平。正确答案是"√"。

7. 说话人说："我想把这些美元换成人民币"，而不是把人民币换成美元。正确答案是"×"。

8. 这句话说:"这种季节最适合喝羊肉汤了。我小的时候,每到冬天,妈妈都要做羊肉汤。"从第二句可以看出,冬天是适合喝羊肉汤的季节,而第一句又说这种季节最适合喝羊肉汤,可见现在是冬天。正确答案是"√"。

9. 这句话说,如果请人吃饭,要提前两三天发出邀请,因为"这不仅表示对别人的尊重,而且也方便客人提前安排好时间"。也就是说,提前发出邀请是有礼貌的表现。正确答案是"√"。

10. 说话人说:"我先去理发,你就在家等我吧。理完了我打电话给你,你再下来。"也就是说,说话人现在要先去理发,然后再跟对方一起去超市。正确答案是"×"。

第 二 部 分

11. 男的问女的:"下了班,是你做饭还是你丈夫做饭?"女的回答:"他呀,你问问他进过厨房吗!"这个句子不是真的让男的去问女的的丈夫有没有进过厨房,而是用反问句的形式表示丈夫连厨房都不进,更不会去做饭了。正确答案是A。

12. 女的让男的帮她修手机,男的拒绝了,因为"上午学校有考试,下午我还有一场网球比赛"。也就是说,男的今天上午要考试。正确答案是B。

13. 男的让女的不要喝茶了,不然晚上可能会睡不着觉。女的说:"你别担心,我喝多少茶都能睡着。"也就是说,喝茶对女的睡觉没影响。正确答案是D。

14. 女的认为顺利的时候对你好的人不一定是朋友,男的表示同意,他认为遇到困难的时候才能知道谁是真正的朋友。也就是说,他们谈论的是朋友。正确答案是A。

15. 男的对女的说:"那时我是班里最不听话的学生了,没少让您头疼。"也就是说,男的以前做学生时,让女的很烦恼。在班里对不听话的学生最烦恼的应该是老师,所以他们最可能是师生关系。正确答案是D。

16. 女的对男的说:"我刚刚租了新房子,打算周末搬家,你来帮帮我,行吗?"也就是说,女的正在请男的帮忙搬家,至于请男的吃饭是搬家后对他表示的感谢。正确答案是 B。

17. 男的想知道明天会议开始的时间,女的说:"两点。你通知一下,请大家提前十五分钟到场。"也就是说,会议两点开始,但大家应该一点四十五分到场。正确答案是 C。

18. 女的想买电脑,请男的陪她去,并说"我开车去医院接你",男的说:"我今天下午病人比较多"。也就是说,男的现在在医院,而且他今天的病人很多,说明他是医院的医生。正确答案是 A。

19. 男的邀请女的去打乒乓球,女的说:"你先去吧,这本书还有几页,我看完就去。"也就是说,女的想先把书看完,过一会儿再去。正确答案是 C。

20. 女的问男的这个沙发怎么样,男的说:"坐上去很舒服,但只能坐两个人,如果再长点儿就更好了。"也就是说,男的觉得沙发很好,就是有点儿短。正确答案是 D。

21. 男的说这次出国要三个星期,女的要上班,还要做饭、买菜、照顾孩子,很辛苦。女的说:"你出差我就多干点儿。"也就是说,男的出国是因为出差。正确答案是 B。

22. 女的觉得男的最近没有精神,脸色很差,男的解释原因说:"可能是经常加班,休息得不好吧。"也就是说,男的因为没休息好,所以脸色比较差。正确答案是 C。

23. 男的问女的:"你想理什么样的?长点儿还是短点儿?"女的表示只要稍微短一点儿就行,还要原来的样子。也就是说,女的正在理发店理发。正确答案是 A。

24. 女的问男的为什么把刚洗的衣服拿进来了,男的说:"你看外面天都阴了。"也就是说,因为天阴了,可能要下雨了,所以男的把衣服拿进来了。正确答案是 D。

25. 男的对女的说自己不想吃药，女的说："你这次感冒很严重，不吃药是不会好的。"也就是说，男的感冒了，需要吃药。正确答案是 B。

第 三 部 分

26. 男的因为飞机晚点而改了去北京的时间，女的说："我看飞机是越来越不方便了，没几个航班能准时起飞的。"也就是说，女的觉得飞机经常不太准时。正确答案是 B。

27. 男的问女的最近参加招聘会的情况，女的回答："我去了几个招聘会，但没什么特别合适的工作。"也就是说，女的最近一直忙着参加招聘会找工作。正确答案是 A。

28. 男的觉得《丽江之夜》的音乐很美，故事也很感人，女的表示同意，她说："很多电影看起来热热闹闹的，但看完以后不会让人感动。"也就是说，《丽江之夜》跟其他电影不一样，看过后让人感动，所以"它能获得那么多的电影奖"。这说明《丽江之夜》是一部电影。正确答案是 C。

29. 男的说："听说很多人都要考这个大学的经济学专业。"也就是说，这个大学的经济学专业考的人很多。正确答案是 B。

30. 男的吃完饭就坐在沙发上看电视，因为他上班很累，回家想轻松一下。女的认为"这样对身体不好"，男的表示要去游泳，女的支持他并给了一些建议。也就是说，女的希望男的注意身体，多去锻炼。正确答案是 D。

31. 男的说："我看了检查结果，你的感冒比较严重，打两天针吧。"女的害怕打针，所以请男的给她开药，男的说："那我先开一个星期的吧。"也就是说，男的是医生，女的是病人，他们很可能是在医院。正确答案是 B。

32. 女的问男的："你怎么眼睛红红的？看起来一点儿精神都没有。"男的说他昨天加班到一点多才回家。也就是说，男的因为昨天加班到很晚，所以现在看起来没有精神。正确答案是 A。

33. 男的告诉女的星期一开会需要的材料还没准备好，女的表示没关系，因为会议推迟了三天，男的说："星期五开的话，我肯定能准备好。"也就是说，会议原定于星期一举行，但是现在推迟了三天，改在星期五举行了。正确答案是 D。

34. 男的去韩国旅游了五天，女的羡慕他能免费旅游，男的说："当旅游变成工作的时候，你就不会觉得愉快了。"也就是说，出去旅游就是他的工作，那么他有可能是一名导游。正确答案是 D。

35. 男的觉得北门外新开的饭店做的菜味道特别好，女的不同意，说："我去吃过一次，除了咸吃不出别的味道。"也就是说，她觉得那家饭店的菜很咸。正确答案是 A。

36. 录音中父亲对儿子说："你大学毕业已经一年了，怎么还不出去找工作？"也就是说，父亲希望儿子出去找工作。正确答案是 B。

37. 录音中，父亲问儿子为什么不去找工作，儿子回答："你辛苦是因为你没有一个富爸爸，我可以不辛苦，是因为我有一个有钱的好爸爸。"也就是说，儿子觉得他的父亲没有一个有钱的爸爸，所以要自己辛苦赚钱，但是自己的爸爸很有钱，所以他不用出去工作。正确答案是 D。

38. 录音中说："交友网站可以帮你找到跟你兴趣爱好相同的朋友，让忙着工作的现代人，不出门也能交到朋友，所以很受年轻人的喜爱。"也就是说，年轻人喜欢交友网站。正确答案是 C。

39. 录音中说："上交友网站的时候一定要注意，有些人说的不一定是真话。"也就是说，上交友网站要注意有些人会说假话。正确答案是 A。

40. 说话人说："你上班一天也辛苦了，下班还要做饭，我不但不帮忙，还乱发脾气，真是太不应该了。"也就是说，说话人觉得自己做的事很不应该，所以很后悔。正确答案是 B。

41. 说话人向小文发了脾气，现在觉得很不应该。他说："我保证以后改掉自己的坏脾气，请你原谅我，好吗？"做错了事情请别人原谅，这是在道歉。正确答案是 C。

42. 录音中说："女孩想看别的节目，丈夫不让，女孩很生气，就回到了自己的父母家。"也就是说，女孩因为丈夫不让她看想看的节目，所以就跟丈夫生气，回自己爸爸妈妈家了。正确答案是 B。

43. 录音中说，女孩回到父母家里，发现爸爸在看足球比赛，就问妈妈去哪儿了，父亲说："回她妈妈家了。"也就是说，女孩的妈妈被丈夫气得也回自己妈妈家了。正确答案是 D。

44. 录音中说："不应该把太多的时间花在看电视上，因为看电视会引起很多问题"，接下来又列举了看电视会带来哪些问题。也就是说，这段话讨论的是看电视的坏处。正确答案是 A。

45. 录音中说："特别喜欢在家看电视的人常常不愿意跟别人交流。"也就是说，非常喜欢看电视的人不爱和别人交流。正确答案是 C。

二、阅 读

第一部分

46. "这种药（　　）真好"，括号后面是形容词短语"真好"做谓语，说明括号里需要填名词做主语。选项中只有"效果"是名词。根据句意，我吃了这种药"两天就不咳嗽了"，也就是吃药的结果很好。"效果"表示"由于某种原因产生的结果（多指好的）"。正确答案是 F。

47. "你（　　）她了"，括号前后是代词"你"和"她"，说明括号里需要填动词做谓语。根据句意，"你"认为"她"知道，但"她完全不知道这件事"，因此你的看法是错的。"误会"表示"理解错了，与实际情况不一样"。正确答案是 C。

48. "这里（　　）停车"，括号后面是动词"停车"，说明括号里需要填副词或动词，选项中没有副词，所以括号里只能填动词。根据句意，后半句说"请您把车停到后面的停车场去"，也就是说，这里是不可以停车的。"禁止"表示"不可以、不允许"，后面常跟动词。正确答案是 A。

49. "为我们的友谊（　　）"，括号前面是介词短语"为我们的友谊"，说明括号里需要填动词。根据句意，大家都拿起酒杯，这时都会互相碰杯，表示祝福，并喝掉杯子里的酒。选项中的动词"干杯"表示"喝干杯里的酒"。正确答案是 B。

50. "很（　　）去"，括号前面是副词"很"，后面是动词"去"，说明括号里需要填副词或动词，选项中没有副词，所以应该填一个动词。根据句意，"西湖的风景特别漂亮"，所以应该去。选项中动词"值得"表示"因为这样做有好的结果，所以应该去做"，前面常有程度副词"很、非常、太、十分"等修饰。正确答案是 E。

51. "我对李荣（　　）最好"，括号前面是介词短语"对李荣"，后面是形容词短语"最好"，说明括号里需要填名词。选项中除了例子中的"温度"外，只有"印象"是名词。根据对话，在面试的几个人中，B 认为李荣"有礼貌，有信心，有能力"，这就是 B 对李荣的感觉。选项中的名词"印象"表示"人或事物给人留下的感觉"，后面常跟形容词"好、深"等。正确答案是 E。

52. "张老师对我们也太（　　）了"，括号前面是程度副词"太"，说明括号里需要填形容词。选项中的形容词只有"严格"。根据对话，我们一次作业不交都不行，也就是说，张老师对我们的要求很高，管得很紧。选项中"严格"的意思是"认真，要求比较高"。正确答案是 B。

53. "我真（　　）她"，括号前面是副词"真"，后面是代词"她"，说明括号里需要填心理动词。根据对话，听说张文要申请去国外留学，B 想如果自己的英语像她那么好，也可以去留学。也就是说，B 很希望像张文一样。选项中的动词"羡慕"表示"看见别人有优点、好处，希望自己也有"。正确答案是 A。

54. "不过我现在已经完全（　　）了"，括号前面是副词"完全"，后面是助词"了"，说明括号里需要填动词。根据对话，两国气候不一样，B 很可能不习惯，但 B 说自己已经完全习惯了。选项中的动词中"适应"表示"习惯、适合某种环境或要求"。正确答案是 F。

55. "我来（　　）一下，明天告诉你"，括号前面是动词"来"，括号后面是动量词"一下"，说明括号里需要填动词。根据对话，A 问 B 要"花多少钱"，所以 B 要先看一下、计算一下。选项中的动词"算"表示"从一些数字得出结果"。正确答案是 D。

第 二 部 分

56. "不要……，而是要……"是表示并列关系的关联词，表示否定前面的事，肯定后面的事，句子的正确顺序是"千万不要随便打骂他们，而是要耐心地进行教育"。那么在什么情况下需要这样做呢？就是"如果孩子做错了什么事"的时候。"如果"表示一种假设的条件，一般放在一段话的开头。正确答案是 CAB。

57. "我原来对他的印象并不好"，"原来"往往表示后面的情况有变化，这个变化就是"对他有了一个新的认识"。那为什么会出现这个变化呢？"是这件事使我改变了看法"。正确答案是 BAC。

58. 三个句子中，只有 C 句有主语和谓语，句意完整，所以"孩子前几天就觉得有点儿不舒服"应该放在第一句。"因为……，所以……"是表示因果关系的关联词，表示前面的原因产生了后面的结果，组成句子"但因为我们一直没太重视，所以现在发展得很严重"，说明孩子现在怎么样了。正确答案是 CBA。

59. "尽管……也……"是表示转折关系的关联词，后一分句的意思与前一分句相反。句子的正确顺序是"尽管遇到了很多困难，他也从没放弃过努力"。"所以"是表示因果关系的连词，放在后一分句中。因为他从没放弃过，"所以才能获得现在的成功"。正确答案是 ACB。

60. "由于"是表示原因的词，因为"不熟悉当地的市场情况"这个原因，产生了"他做生意的时候被人骗了"这一后果。他被人骗了以后，"只好回到北京重新开始"。正确答案是 ABC。

61. 三个句子中，只有 A 句有主语和谓语，句意完整，所以"这些材料请你按照顺序整理好"可以放在第一句。"然后"是表示承接关系的词，表示前面一件事情做完再做后面一件事。第二件事情是"然后把它们收到旁边的办公室去"。"否则"表示如果前面的事情不做好，就会发生后面不希望出现的结果，也就是"弄丢"的结果。正确答案是 ACB。

62. 三个句子中，只有C句有主语和谓语，句意完整，所以"这家宾馆的服务员态度特别好"可以放在第一句。服务好表现在什么方面呢？"不管客人遇到什么困难都想办法解决"，"因此"是表示因果关系的连词，通常放在后一分句，即"因此生意一直特别好"。正确答案是CBA。

63. "无论"用在表示条件关系的句子中，一般用在前一分句，表示不管前一分句的情况怎么变化，后一分句都不变。这个句子应该是"无论是学习、生活还是工作方面，只要有困难，找他肯定没错"。为什么说找他没错呢？因为"他会高兴地答应并且帮你到底"。正确答案是BCA。

64. "如果不是……，肯定……"表示如果不是因为前面的情况，就会产生后面的结果，是一种假设关系。句子的正确顺序是"如果不是为了帮你去报名，这种天气我肯定是躺在家里睡觉的"。而实际上我是去帮你报了名的，"因此你得好好谢谢我才行"。正确答案是BAC。

65. "于是"是表示承接关系的连词，表示紧接着上面一件事并且因为上一件事而出现了一个结果，前面会有一个分句，表示某种情况发生了。"他们俩谁都不愿意先道歉"，这种情况造成"于是误会也就越来越深"，这样做的结果是"到最后这段爱情就只能结束了"。正确答案是ACB。

第 三 部 分

66. 这段话说这儿的房子质量很好，"但是周围找不到医院、银行，也没有超市和菜场"，没有医院、银行、超市和菜场，生活会很不方便，所以"我"不想买这儿的房子。正确答案是C。

67. 这段话说经理把一个重要的工作交给"我"做，所以"我一定不会让她失望的"。也就是说，"我"会努力去做，不会让经理失望。正确答案是B。

68. 这段话说在这儿工作比较辛苦，"但是收入挺高的"。也就是说，这个工作赚钱比较多。正确答案是A。

69. 这段话说:"即使你还没感觉到口渴,也要经常喝水。"也就是说,应该经常喝水,不要等到口渴时再喝。正确答案是 C。

70. 这段话说这种家具"都是用特别环保的材料做的,没有味道,保证你买了不后悔"。也就是说,这种家具很环保,值得买,买了不会后悔。正确答案是 D。

71. 这段话说现在很多女孩子通过不吃饭减肥,这样做对身体不好,"更好的办法是多参加运动"。也就是说,减肥的好办法是运动。正确答案是 A。

72. 这段话说汽车给人们带来了方便,但是也给交通带来了麻烦,所以出门应该乘坐公共交通工具。也就是说,这段话谈论的是城市的交通问题。正确答案是 B。

73. 这段话介绍了大兴安岭森林,说它是"中国北方最大的森林"。也就是说,大兴安岭森林在中国北方。正确答案是 D。

74. 这段话说:"我们做医生的都特别辛苦,加班是经常的事。""我们做医生的"说明说话人是一名医生。正确答案是 A。

75. 这段话说"性格活泼的人更容易交到朋友",也就是说,性格活泼的人朋友会更多,因为这样的人"总是能给别人带来快乐"。正确答案是 B。

76. 这段话说绿色食品是那些"没有污染的、安全的、优质的食品"。也就是说,绿色食品没有被污染,很安全,质量也很好。正确答案是 D。

77. 说话人说:"我原来以为进这种大公司肯定特别难,可没想到竟然能被招聘进来,我真是太高兴了!"也就是说,说话人没想到自己能被招聘到这种大公司里,所以很激动。正确答案是 C。

78. 这段话说现在的广告很好看,"内容有趣","不像以前的广告那样只是简单地介绍东西的优点",这说明以前的广告只是简单地介绍东西的优点,不像现在的广告这么有趣。也就是说,以前的广告比较无聊。正确答案是 A。

79. 这段话说一个人幸福还是不幸福,跟你是有钱人还是穷人没关系,"幸福不幸福,关键是看你对生活的态度"。也就是说,生活态度会影响幸福。正确答案是 C。

80. 短文中羚羊妈妈对孩子说:"如果你跑不过最快的狮子,那你就会被它们吃掉。"也就是说,小羚羊练习跑步是为了跑赢狮子,保护自己,不被狮子吃掉。正确答案是 D。

81. 短文中说狮子觉得自己不用练习跑步,因为它不用担心自己跑得慢而被别的动物吃掉。羚羊妈妈说:"如果你跑不过最慢的羚羊,你就会饿死。"也就是说,如果狮子不练习跑步,那就很可能会因为找不到食物而饿死。正确答案是 B。

82. 短文中说:"如果您在购物过程中有任何不满意的地方……请您把意见留在这个本子上。"说明这是个购物的地方,也就是商店。正确答案是 A。

83. 短文中说:"如果您在购物过程中有任何不满意的地方……请您把意见留在这个本子上,我们会派专门的人来解决这些问题。"也就是说,如果对售货员有意见,可以把意见写在本子上,会有专门的人来解决。正确答案是 C。

84. 短文中说有些人觉得保护环境是国家的事情,"但其实只要每个人都做出一点儿努力……环境就会有很大的改变"。也就是说,在保护环境方面,每个人都应该做出努力,每个人都有责任保护环境。正确答案是 B。

85. 短文中说保护环境,每个人都可以"做出一点儿努力,比如节约一张纸,关掉不用的灯,少开一次车,少用一次洗衣机"。节约一张纸、少用一次洗衣机等,都是生活中的小事。也就是说,保护环境,应该从小事做起。正确答案是 D。

三、书 写

第一部分

86. 这个句子的主语是"牙膏",谓语是"很有效"。代词和量词组成的短语"这种"放在主语"牙膏"前面做定语,"对"和"牙疼"组合成介词短语,放在谓语前面做状语。正确答案是"这种牙膏对牙疼很有效"。

87. 这个句子的主语是"我",谓语是"拒绝",宾语是"要求"。代词和量词组成的短语"这个"放在宾语"要求"前面做定语,动态助词"了"放在谓语动词"拒绝"后面。正确答案是"我拒绝了这个要求"。

88. 这个句子是"把"字句,"把"字句的一般结构是:主语+"把"+宾语+动词+其他成分。句子的主语是"我",宾语是"密码",谓语是"忘记了"。正确答案是"我把密码忘记了"。

89. 词语中有"吗",可见这个句子是疑问句,"吗"放在句子最后。句子的主语是"你",谓语是"谈谈",宾语是"看法"。助动词"能"放在谓语动词前面,"对这件事的"放在"看法"前面做定语。正确答案是"你能谈谈对这件事的看法吗?"

90. 这个句子的主语是"精神",谓语是"值得","这种"放在主语前面做定语。"值得"需要接动词或者小句做宾语。"我们"是小句的主语,"学习"是小句的谓语,"我们学习"放在谓语"值得"后面做宾语。正确答案是"这种精神值得我们学习"。

91. 这是个"比"字句,用来比较两种情况,最基本的结构是:A 比 B+怎么样。这个句子在比较南方和北方的气候,"南方的"放在"气候"前做定语,是情况 A;"北方"是情况 B;形容词"湿润"说明气候怎么样。正确答案是"南方的气候比北方湿润"。

92. 这是个祈使句,基本结构是:主语+应该+谓语+宾语。主语是"你",谓语是"申请",宾语是"签证"。副词"重新"应该放在动词"申请"前面做状语。正确答案是"你应该重新申请签证"。

93. 这个句子的主语是"动作",谓语是"标准"。"她的"放在主语"动作"前做定语,"很"放在形容词谓语"标准"前做状语,表示程度。正确答案是"她的动作很标准"。

94. 这个句子的主语是"他",谓语是"留下了",宾语是"很深的印象"。介词"给"和代词"大家"组成介宾短语,放在动词前做状语。正确答案是"他给大家留下了很深的印象"。

95. 这个句子的主语是"年轻人",谓语是"换",宾语是"工作"。形容词"随便"放在动词"换"的前面做状语,"不要"是否定副词,表示禁止和劝阻,要放在状语的前面。正确答案是"年轻人不要随便换工作"。

第 二 部 分

96. 词语分析:"味道"是名词,在句中常做主语,可以用"好"来形容。图片上是一碗汤。
    参考答案:这种汤的味道很好。/汤的味道好极了。

97. 词语分析:"伤心"是形容词,在句中常做谓语或定语。图片上有一个小朋友,她正在哭。
    参考答案:她太伤心了。/她看上去很伤心。

98. 词语分析:"撞"是动词,在句中常做谓语。图片上有两个孩子,一个在上面要下来,一个在下面向上看。
    参考答案:小心,别撞我!/姐姐要撞到妹妹了。

99. 词语分析:"乱"是形容词,在句中常做谓语或定语。图片上是一个垃圾桶,里面和外面东西都很多,不整齐。
    参考答案:垃圾桶非常乱。/这些东西有点儿乱。

100. 词语分析:"洗衣机"是名词,在句中常做主语、宾语或定语。图片上有一台洗衣机。
    参考答案:这个洗衣机很新。/洗衣机可以洗衣服。

HSK（四级）全真模拟试题（第7套）题解

一、听 力

第 一 部 分

1. 这句话说："随着手机、电脑的普遍使用，写信的人越来越少了。"也就是说，现在写信的人很少了。正确答案是"√"。

2. 这句话说："在中国，自行车不仅是一种运动工具，也是一种交通工具。很多人都喜欢骑自行车上下班。"也就是说，自行车是中国人常用的交通工具。正确答案是"√"。

3. 这句话说："小张，听说你是我们市最年轻的中学高级教师了，祝贺你！"也就是说，说话人在祝贺小张。正确答案是"√"。

4. 这句话说这次考试不太难，但是"我""很多不应该错的地方都错了，没有获得好成绩"。也就是说，这次考试"我"考得不好。正确答案是"×"。

5. 这句话说："从小养成好的学习习惯，对你将来的学习会有很大的帮助。"也就是说，好的学习习惯对学习有很大的帮助。正确答案是"√"。

6. 这句话说："其实我也知道不吃早饭对身体不好"，但是每天晚上加班到很晚才睡，早上就想多睡一会儿。也就是说，"我"不是不喜欢吃早饭，而是想多睡一会儿。正确答案是"×"。

7. 这句话说："记得儿子两岁时第一次坐飞机，他非常害怕。""害怕"的意思是"因为困难或危险而紧张"。也就是说，儿子第一次坐飞机的时候非常紧张。正确答案是"√"。

8. 这句话说"我"喜欢京剧，"虽然听不太懂，但是能猜出内容的大概意思"。也就是说，"我"不能完全听懂京剧，只是能猜出大概的意思。正确答案是"×"。

9. 这句话说:"这位先生,我想提醒您一下,在加油站打电话是很危险的,请您加完油出去再打。"也就是说,他们现在在加油站。正确答案是"√"。

10. 这句话说:"这场比赛我们班差一点儿就赢了,同学们都觉得很可惜。""差一点儿"用在肯定句中,表示说话人希望发生的事情没有发生。也就是说,这场比赛"我们班"没有赢。正确答案是"×"。

第 二 部 分

11. 男的问女的那份市场调查做好了没有,女的说她星期五一定交给男的。也就是说,女的星期五交市场调查。正确答案是D。

12. 男的说他大学毕业已经十多年了,"以前学的那些知识早就还给老师了"。也就是说,男的已经忘了大学学的知识了。正确答案是C。

13. 男的说女的最近好像瘦了,问她是不是在减肥,女的说:"减什么肥啊?年底了,公司特别忙。"也就是说,女的最近工作很忙。正确答案是A。

14. 女的说她把要买的东西都记下来了,男的说没钱了,他们需要先去取点儿钱。也就是说,他们很可能先去银行取钱,然后再去超市买东西。正确答案是B。

15. 男的说:"他不敢直接来找你","所以请我来向你道歉",女的说:"如果想得到我的原谅,他应该自己来道歉"。也就是说,女的让"他"自己来道歉。正确答案是C。

16. 女的想和男的下班以后去买礼物,男的说:"今晚我要加班,明天吧。"也就是说,男的今晚要加班。正确答案是B。

17. 男的说他希望上大学以后学习法律,帮助那些穷人,女的说她最想做艺术方面的工作。由此可知,他们正在谈论将来最想做什么,也就是他们的理想。正确答案是A。

18. 女的说夏雨是她最好的朋友，"可她怎么能这样对我呢"，也就是女的认为夏雨不应该这么对她；男的说女的应该给夏雨解释的机会，"不及时交流可能会出现误会"。也就是说，男的认为女的应该先听夏雨解释。正确答案是 D。

19. 女的说人活着不是为了工作赚钱，"但工作赚钱是为了更好地活着"。也就是说，女的认为应该工作赚钱，这样可以更好地活着。正确答案是 C。

20. 男的说："我本来有两张下午的京剧演出票，想请你去看的。"也就是说，男的本来打算请女的去看京剧演出。正确答案是 A。

21. 女的说还是带着自己的毛巾、牙刷，因为"用自己的东西对环境保护有好处"。也就是说，女的要自己带毛巾和牙刷，是因为这样更能保护环境。正确答案是 B。

22. 女的问男的昨晚的比赛怎么样，男的说"没看过比这更精彩的比赛了"。也就是说，男的觉得昨晚的比赛非常精彩。正确答案是 A。

23. 男的说老王要去美国了，女的说："她女儿刚刚生了孩子，老王想过去照顾照顾。"也就是说，老王想去美国照顾自己的女儿和女儿的孩子。正确答案是 C。

24. 女的问男的："音乐声音这么大，学习效果能好吗？"男的说如果没有音乐，他早就睡着了。也就是说，男的现在在听着音乐学习。正确答案是 B。

25. 男的说他的牙经常疼，女的让男的试试这种牙膏，里面含有中药，对牙疼很有效果。也就是说，女的在向男的介绍一种牙膏，并鼓励他试用，可见女的很可能是售货员。正确答案是 D。

第 三 部 分

26. 女的问男的为什么堵车，男的说"这条路窄，容易堵车"。也就是说，他们堵车了。正确答案是 A。

27. 男的说:"手机在给我们带来方便的同时,也会让我们一直紧张",女的说:"所以应该过过没有手机的生活"。可知,他们在谈手机对人造成的不好的影响,也就是说,他们谈论的是手机的坏处。正确答案是 D。

28. 女的说先买点儿旧家具,等以后有了自己的房子再买新家具,男的说就按照女的的意思做。也就是说,他们打算先买点儿旧家具。正确答案是 B。

29. 女的说下雨之后,空气很湿润,男的说他是在北方长大的,所以很不适应这种天天下雨的天气。也就是说,男的是北方人。正确答案是 C。

30. 女的问,小周专业方面的能力不是最强的,为什么这次出国学习的机会给了他,男的说:"小周工作特别积极主动,大家对他印象很好。"也就是说,男的认为小周可以出国,是因为他工作特别积极主动,而且大家对他的印象很好。正确答案是 D。

31. 男的说:"听说你现在正在读博士",女的说:"上半年刚刚考上的"。也就是说,女的现在在读博士。正确答案是 C。

32. 女的说:"这边请。这是菜单。请问您现在点菜吗?"男的说等所有人都来了再点,女的让男的点菜的时候再叫她。这说明他们现在可能在饭店。正确答案是 B。

33. 男的问女的为什么和小张分手,女的说小张太好了,"好得几乎没有缺点,就像一面镜子一样,让我总是能看到自己的缺点"。也就是说,女的认为因为小张没有缺点,就显出女的自己身上的缺点了,这让她很有压力。正确答案是 A。

34. 女的说这次考试她女儿的数学差点儿没通过,男的说:"分数只是个数字,并不一定能说明孩子学得怎么样",让女的不要看得那么重。也就是说,男的觉得分数不太重要。正确答案是 A。

35. 女的说她不喜欢牛奶的味道，男的说牛奶对身体特别好，尤其是像他和女的这样年龄大的人更应该多喝牛奶。女的说："那好吧，我试试。"也就是说，女的打算试着喝牛奶。正确答案是 B。

36. 录音中说老张请朋友"带一件礼物回家给自己的儿子"。正确答案是 C。

37. 录音中说，老张让朋友把礼物"带给世界上最可爱的孩子"，而朋友却把礼物送给了自己的儿子。朋友说："我认为我的儿子是全世界最可爱的孩子啊！"也就是说，朋友认为他自己的儿子最可爱，所以把礼物送给了自己的儿子。正确答案是 B。

38. 录音中说："很多人都会选择跟自己比较像、看着舒服的人做丈夫或者妻子。"正确答案是 C。

39. 录音中说很多夫妻看起来很像，其中一个原因是"吃相同的饭菜会让他们越来越像"。正确答案是 A。

40. 录音中说，说话人只是抱着试一试的想法来的，没有想到自己真的能当上这个公司的经理，她感谢其他人对他的信任。可见，她的心里现在一定很激动。正确答案是 D。

41. 录音中说，说话人没有想到自己能当上这个公司的经理。也就是说，女的现在当上了公司的经理。正确答案是 B。

42. 录音中说，以前到了上下班的时间，这条路上很多车就会堵在一起，说话人"管理起来特别困难"，现在修好了，他也轻松多了。也就是说，说话人是管理道路和交通的人，所以他很可能是交通警察。正确答案是 C。

43. 录音中说这条路修好以后，变得宽多了，以前上下班时间经常堵车，现在不会了。也就是说，现在这条路的交通很好。正确答案是 B。

44. 录音中说，跟在家看影碟相比，"我更喜欢去电影院看电影，因为效果是完全不一样的"。也就是说，她更喜欢去电影院看电影，因为电影院效果好。正确答案是 D。

45. 录音中说，她最近几年很少去电影院看电影，一方面是因为电影票越来越贵，"而且更重要的是，高质量的电影也越来越少了，很多电影看过以后不知道拍电影的人想表达什么"。也就是说，电影质量差是说话人不去电影院的主要原因。正确答案是 A。

二、阅 读

第 一 部 分

46. "不同（　　）的人喜欢的颜色也是不一样的"，括号前面是形容词"不同"，后面是助词"的"，说明括号中需要填名词。根据句意，喜欢不同的颜色，这是由人对人或事的态度决定的。选项中的名词"性格"表示"人比较稳定的对现实的态度和反映出来的行为方式"。正确答案是 F。

47. "进别人的房间之前一定要（　　）门"，括号前面是助动词"要"，后面是名词"门"，说明括号中需要填动词。根据句意，进别人的房间之前一定要先敲门，即使是进自己孩子的房间。选项中的动词"敲"表示"打在物体上，使物体发出声音"，后面常常跟"门"。正确答案是 E。

48. "人们的住房（　　）也越来越好了"，括号前面是名词"住房"，后面是谓语"也越来越好了"，说明括号中需要填名词。根据句意，随着经济的发展，人们的住房情况也越来越好了。选项中的名词"条件"表示"（事物）表现出来的情况"，前面常常跟"生活、经济"等具体的方面。正确答案是 A。

49. "他这种做法（　　）了大家的不满"，括号前面是名词"做法"，后面是动态助词"了"，说明括号中需要填动词。根据句意，他的这种做法使得大家很不满。选项中的动词"引起"表示"一种行为、事情使另一种情况出现"。正确答案是 B。

50. "他这几年（　　）赚了很多钱"中，"他这几年赚了很多钱"已经是一个完整的句子，说明括号中需要填副词或其他动词短语。根据句意，他这几年通过做一些事情赚了很多钱，能赚很多钱的事很可能是做生意。选项中的动宾短语"做生意"的意思是"做买卖商品的活动"。正确答案是 C。

51. "我觉得你的（　　）太差了"，括号前面是助词"的"，后面是小句的谓语"太差了"，说明括号中需要填名词做小句的主语。根据对话，A 说不管自己怎么努力，每次考试都通不过，B 觉得 A 需要找个中国朋友帮他提高一下。在学习方面可以提高的很可能是最"基础"的部分，选项中的名词"基础"表示"事物发展的根本或起点"。正确答案是 B。

52. "年龄越大就越要（　　）自己的健康"，括号前面是助动词"要"，后面是名词短语"自己的健康"，说明括号中需要填动词。根据对话，A 说身体是自己的，健康很重要，所以年龄越大越要认真对待自己的健康。选项中的动词"重视"表示"因为觉得重要而认真对待"。正确答案是 A。

53. "今年很（　　）这种颜色"，括号前面是副词"很"，后面是名词短语"这种颜色"，说明括号中需要填动词。根据对话，B 觉得这种颜色很漂亮，因为这种颜色今年很受欢迎。选项中的"流行"可以做动词，表示"普遍使用或很受欢迎"，后面跟流行的东西。正确答案是 E。

54. "这件事要跟我丈夫（　　）一下"，括号前面是介宾短语"跟我丈夫"，后面是动量词"一下"，说明括号中需要填动词。根据对话，A 问 B 的想法，B 说要跟丈夫交流一下。选项中的动词"商量"表示"两人或多人一起交流对事情的意见"。正确答案是 F。

55. "可能是我太（　　）"，括号前面是副词"太"，说明括号中需要填动词或形容词。根据对话，A 说数字好像不太对，B 说可能是他不仔细，算错了。选项中的形容词"粗心"表示"不仔细、不细心"。正确答案是 D。

第 二 部 分

56. 按照时间顺序，"他从六岁开始就学习弹钢琴"，而且"十多年来一直坚持每天练习"，所以"现在的水平已经非常高了"。正确答案是 ACB。

57. "不但……而且……"是表示并列关系的关联词，表示同时有这两种情况。句子的正确顺序是"……是因为信用卡不但使用方便，而且还可以累计积分换礼物"。"是因为"表示原因，常放在后一分句，前一分句提出某种事实或结果，也就是"他喜欢用信用卡购物"。正确答案是 CAB。

58. "如果……就……"是表示假设关系的关联词，表示前一分句成为现实的话，有可能会产生后一分句的结果。句子的正确顺序是"如果两个人结婚了，就会长时间生活在一起"。"所以"表示事情的结果，常用在后半句。正确答案是 BCA。

59. 根据句意,"这本经济方面的书特别难翻译",从哪里可以看出特别难翻译呢?因为"我已经翻译了差不多一年了",但是"还有大概三分之一没有弄好"。正确答案是 CBA。

60. "但是"是连词,表示转折,常用在后一分句。句子的正确顺序应该是"很多人都对公司的做法不满意,但是他们很难在公司表达这种不满"。那么公司的什么做法让人不满意呢?就是"一些公司常常会让职员无偿加班",这句话应该放在开头。正确答案是 BAC。

61. "所以"是连词,表示事情的结果,常用在后一分句。句子的正确顺序是"我不了解前前后后的情况,所以不能说这件事情谁对谁错",但是我"只是觉得你们应该互相理解"。正确答案是 ABC。

62. "虽然……但……"是表示转折关系的关联词,后一分句的意思与前一分句相反。句子的正确顺序是"虽然已经在中国工作、生活了十年,但他的汉语水平还很差"。这种情况有什么结果呢?"这让我觉得非常吃惊"。正确答案是 BCA。

63. "无论"是连词,用在表示条件关系的句子中,常用在前一分句,表示不管在什么样的条件下,后一分句都不改变。"无论遇到多么严重的问题",都应该怎么办呢?"首先"表示顺序最先,时间最早,用于复句时,常用在前一分句,所以后半句的正确顺序是"首先要弄清楚发生问题的原因,这样才能找到正确的解决办法"。正确答案是 CAB。

64. "因为……所以……"是表示因果关系的关联词,前一分句表示原因,后一分句表示结果。句子的正确顺序是"因为从我家到公司交通很不方便,所以我差不多每天上班都是坐出租车",这样带来的结果就是"每个月的收入竟然有一半都用在了打车上"。正确答案是 ABC。

65. 这三个句子中,A 句和 B 句表达的意思都不明确,只有 C 句有主语、谓语和宾语,句意完整,所以"我们公司正在招聘市场管理员"可以作为第一句。招聘的要求是什么呢?"这个工作对性别和专业没有什么要求","年龄在 35 岁以下的大学毕业生都可以"。正确答案是 CBA。

第 三 部 分

66. 这段话说"我"最近搬了新家,但是交通不太方便,"不过,明年就要通地铁了"。也就是说,现在"我"的新家附近还没有地铁。正确答案是 C。

67. 这段话说李老师的病现在虽然已经好了,但是他"一下子老了很多,我昨天见到他差点儿没认出来"。也就是说,李老师现在看起来很老。正确答案是 B。

68. 这段话说"我"现在每顿饭吃得不太多,"因为少吃点儿对健康有好处"。也就是说,"我"少吃饭是因为这样对健康好。正确答案是 A。

69. 这段话中"我"对张文说:"有时候对你态度不好,可是你对我一直那么耐心,我真觉得不好意思。""不好意思"常用于程度比较轻的道歉。也就是说,说话人现在在向张文道歉。正确答案是 B。

70. 这段话说虽然失败了很多次,但是他一直坚持自己的理想,"现在终于成功了"。也就是说,他现在成功了。正确答案是 C。

71. 这段话说这个房子在首都体育馆附近,地方好,交通也比较方便,但是一个月要四千块钱,所以"我"要再考虑一下。由此可知,"我"想要租房子。正确答案是 A。

72. 这段话说:"尊重一个人不仅要尊重他的意见和想法,更重要的是尊重他的习惯。"也就是说,尊重一个人的习惯更重要。正确答案是 B。

73. 这段话说:"边开车边打电话也极其危险,可是很多人并没有认识到这一点。""极其"的意思是"非常"。也就是说,边开车边打电话非常危险。正确答案是 A。

74. 这段话说:"他是个非常喜欢开玩笑的人,在办公室很受欢迎。"也就是说,他在办公室很受大家的欢迎。正确答案是 D。

75. 这段话说"我"想找一个成熟一点儿、有耐心的，最好跟"我"的兴趣爱好差不多的人，对方具体做什么工作没关系。也就是说，这段话主要谈的是"我"喜欢的人的性格、爱好等。正确答案是 C。

76. 这段话说："自从有了电脑，我几乎所有的工作都在电脑上完成"，当电脑出现问题时，"我就不知道该怎么工作了"。也就是说，"我"总是用电脑工作。正确答案是 B。

77. 这段话说，为了发展经济而破坏环境是很不值得的，"因为将来可能花再多的钱也买不到青山绿水的好环境"。也就是说，发展经济不能破坏环境。正确答案是 C。

78. 这段话说儿子大学毕业后选择到农村当老师，"我觉得这对当地的学生会有帮助，对他自己也是一种很好的锻炼"。也就是说，"我"支持儿子的选择。正确答案是 A。

79. 这段话说："多给别人一点儿掌声也是对别人的一种鼓励，特别是在失败的时候，掌声可以让他们继续努力下去。"也就是说，掌声可以鼓励人，尤其是对那些失败的人，更应该给他们掌声，因为掌声可以让他们坚持下去。正确答案是 C。

80. 短文中说小猪去帮妈妈买盐，"不小心把盐掉到了地上，袋子破了，里面的盐也变脏了"，"小猪难过得哭了"。也就是说，因为买的盐变脏了，所以小猪哭了。正确答案是 D。

81. 短文中说小狗看到小猪把买的盐弄脏了，就对小猪说："东西脏了，用水洗一洗不就干净了吗？"也就是说，小狗出的主意是把脏了的盐洗一洗。正确答案是 B。

82. 短文中说，以前"只有过春节或者家里来客人了才能吃上一顿饺子"。正确答案是 A。

83. 短文中说家里来了客人,"自己包饺子也表示对客人的欢迎"。也就是说,家里来客人包饺子,是为了向客人表示欢迎。正确答案是 C。

84. 短文中说:"最早出现的巧克力味道又苦又辣,是西班牙人让它变甜的。"也就是说,最早的巧克力的味道是又苦又辣。正确答案是 B。

85. 短文中说稍微吃一点儿巧克力"可以提高注意力"。正确答案是 D。

三、书 写

第一部分

86. 这个句子的主语是名词"时间",谓语是"来不及",助词"了"应放在谓语的后面,副词"恐怕"做状语应放在动词"来"的前面。正确答案是"时间恐怕来不及了"。

87. 这个句子的主语是名词"办公室",谓语是"通知",后面常常跟小句,表示通知的内容。小句的主语是代词"我",谓语是动词"开会"。"明天"是时间名词,放在主语后,组成"我明天开会"。正确答案是"办公室通知我明天开会"。

88. 这个句子省略了主语。词语中有一个介词"把",可以组成"把"字句。"把"字句的一般结构是:主语+"把"+宾语+动词+其他成分。动词是"推"。"去"放在"到"的后面,做趋向补语,此时如果有表示地方的宾语,必须放在"到"和"去"的中间,组成"到外面去",做"其他成分",放在动词"推"后面。正确答案是"把桌子推到外面去"。

89. 词语中出现"谁",说明这是个疑问句。这个句子的主语是代词"你",谓语是动词"邀请",后面可以跟小句做宾语,表示邀请的内容。小句的主语是疑问代词"谁",谓语是动词"参加"。"想"是助动词,放在谓语动词"邀请"的前面。正确答案是"你想邀请谁参加?"

90. 这个句子的主语是"这个问题",谓语是"负责解决",介词"由"和"小张"可以组合在一起构成介宾短语,放在谓语的前面。正确答案是"这个问题由小张负责解决"。

91. 词语中出现了"吗",说明这是个疑问句。句子的主语是代词"你",谓语是动词"知道",宾语是"正确答案",组成句子"你知道正确答案"。语气助词"了"常用于句末,语气词"吗"常放在句尾表示疑问。正确答案是"你知道正确答案了吗?"

92. 这个句子的主语是名词"计划",谓语是形容词"详细";代词"这"和量词"份"组合在一起可以做定语,放在名词"计划"的前面;副词"更"做状语,放在形容词"详细"的前面。正确答案是"这份计划更详细"。

93. 这个句子的主语是"张老师",谓语是形容词"耐心",副词"十分"做状语,应放在形容词"耐心"的前面,介词"对"和名词"孩子"组成介宾短语"对孩子",放在"十分耐心"的前面,表示耐心的对象。正确答案是"张老师对孩子十分耐心"。

94. 词语中出现了"怎么",说明这是个疑问句,一般结构是:主语 + 怎么 + 谓语 + 宾语?词语中还有"连"和"都",一般结构是:连 + 名词 + 都 + 动词,表示强调,其中名词是动词的宾语。这个句子中名词是"父母",动词短语是"不信任",名词要放在前面,组成"连父母都不信任",在句中做谓语。正确答案是"怎么连父母都不信任?"

95. 这个句子的主语是代词"他",谓语是"参加了",宾语是名词"活动",组成句子"他参加了活动"。"很积极"做状语,应放在谓语动词"参加"的前面,中间需要加助词"地"。正确答案是"他很积极地参加了活动"。

第 二 部 分

96. 词语分析:"聊天儿"是离合词,在句中做谓语。图片上几个人在办公室站着说话,看上去很高兴。
参考答案:他们正在办公室聊天儿呢。/他们聊天儿聊得很高兴。

97. 词语分析:"京剧"是名词,在句中做主语或宾语。图片是一个女的唱京剧的广告。
参考答案:她的京剧唱得特别好。/她会唱京剧。

98. 词语分析:"脱"是动词,在句中做谓语。图片上是一个小朋友没穿衣服蹲在澡盆里。
参考答案:孩子脱了衣服。/小朋友脱衣服洗澡。

99. 词语分析:"浪漫"是形容词,在句中做谓语或定语。图片上有一对很浪漫的爱人。
    参考答案:我希望有一份浪漫的爱情。/他们真浪漫啊!

100. 词语分析:"饮料"是名词,在句中做谓语或宾语。图片上有一杯饮料。
     参考答案:喝太多的饮料对身体不好。/我喜欢喝饮料。

HSK（四级）全真模拟试题（第8套）题解

一、听　力

第 一 部 分

1. 说话人说："我们常常把锻炼身体看得太复杂了"，其实，走路、爬楼梯等简单的运动都可以锻炼身体。也就是说，说话人觉得锻炼很简单。正确答案是"√"。

2. 说话人说："他虽然年纪很小，可是……像个大人一样。"也就是说，他现在不是大人，还是个小孩子。正确答案是"×"。

3. 说话人说："我计划先进大学……，……再参加律师考试，……就有可能成为一名律师了。"也就是说，他打算成为一名律师。正确答案是"√"。

4. 说话人表示："现在对我来说最重要的是积累经验，……赚钱是其次。"也就是说，他觉得现在赚钱不是最重要的。正确答案是"×"。

5. 这句话中提到有的人旅游时不敢随便跟别人聊天儿，说话人认为这样做"不就永远都不可能交到新朋友了吗？"也就是说，说话人认为旅行时应该试着去交新朋友。正确答案是"√"。

6. 这句话说："老师说我这篇文章写得不错，我就寄给了他们。"可知说话人应该是一名学生。正确答案是"×"。

7. 这句话说："昨天那场羽毛球比赛……不知道最后谁能赢，所以每个观众都很紧张。"也就是说，那场比赛让观众看得很紧张，参加比赛的人是不是紧张没有说。正确答案是"×"。

8. 这句话说："秋天天气干燥，皮肤也因此很不舒服"，医生的建议是"多喝水，多吃水果，早点儿睡觉"。也就是说，天气干燥时吃水果对皮肤好，所以应该多吃水果。正确答案是"√"。

9. 这句话说:"如果放弃出国留学的机会……你一定会感到后悔的。"也就是说,说话人认为对方应该出国留学。正确答案是"√"。

10. 这句话说:"他们的表演让我非常感动,看完以后竟然流下了眼泪。"也就是说,这个表演让人非常感动。正确答案是"√"。

第 二 部 分

11. 男的告诉女的周末他要去外地,所以建议另找时间出去玩儿。女的说:"旅行的事就安排到月底吧。"也就是说,女的计划月底出去玩儿。正确答案是D。

12. 女的向男的表示感谢,男的说:"我只希望你下次别那么马虎了。"也就是说,男的觉得女的这次非常马虎。正确答案是A。

13. 男的问女的:"感觉好点儿了吗?要不要陪你去医院看看?"女的说:"不发烧了,还有点儿咳嗽。"也就是说,女的身体不太舒服。但她又说"你别担心",说明她觉得自己的病不厉害,不用去医院。正确答案是B。

14. 女的告诉男的要买点儿路上吃的东西,男的说:"我先去学校上班,回来的路上去趟超市。"也就是说,男的现在要去学校。正确答案是A。

15. 男的说如果小李不想参加那个演出,就让别人参加,女的说:"他是最优秀的,没有人可以代替。"也就是说,女的认为小李最合适,别人不能代替。正确答案是C。

16. 女的问男的为什么今晚不跟办公室的人一起去看电影,男的说:"朋友邀请我去参加一个艺术家的见面会。"也就是说,男的今晚要去参加见面会。正确答案是C。

17. 男的问女的为什么小美不是一个人唱歌,女的回答说:"女儿说一个人唱会害羞,所以她请几个小朋友一起表演。"也就是说,他们正在谈论女儿的表演。正确答案是B。

18. 女的告诉男的新来的老师很漂亮，而且是国外著名大学的毕业生。男的对女的说："你别老羡慕别人啊，你自己也有很多优点。"也就是说，男的觉得女的也非常优秀。正确答案是 A。

19. 男的怀疑小黄在骗大家，女的不同意，说："我认为他不是那样的人。"也就是说，虽然男的怀疑小黄，可是女的还是很信任小黄。正确答案是 D。

20. 女的问男的是不是报名学法语了，男的说："是啊，我以前有点儿基础，……所以想再学学。"也就是说，男的打算学法语。正确答案是 C。

21. 男的问女的这本小说是不是很精彩，女的回答说："小说的作者我以前见过，对她的印象很好，所以很有兴趣读一读。"也就是说，女的看小说是因为认识作者。正确答案是 B。

22. 女的问男的这次去云南旅行感觉怎么样，男的说："美极了，这一趟太值得了。"正确答案是 A。

23. 男的告诉女的这个专业很难考，竞争很激烈，女的回答："即使只有万分之一的可能，我也要试一试。"也就是说，虽然知道这个专业很难考，但是女的还是想参加。正确答案是 A。

24. 女的问男的当车开过来时他怕不怕，男的回答："越是危险的时候，我们越要冷静。"也就是说，男的在那个时候非常冷静。正确答案是 D。

25. 男的告诉女的他的孙子不见了。女的问："他几岁？长什么样？穿什么颜色的衣服？"如果孩子丢了，人们最有可能去找警察，警察也会了解一下孩子的外貌和衣着。也就是说，女的很可能是警察。正确答案是 C。

第 三 部 分

26. 女的说这份材料"没两三个小时写不完",男的说:"又要加班啊",女的解释说:"明天讨论时要用",男的说:"那咱们快开始吧"。也就是说,他们马上准备开始加班写材料。正确答案是 D。

27. 男的建议听一下城市音乐台的广播,女的问有什么特别的节目,男的说:"有一个对钢琴家郎朗的访问",女的听了以后说:"我去开"。也就是说,他们现在正在谈论一个广播节目。正确答案是 B。

28. 女的建议把家里打扫一下,男的说他去整理书房、擦窗户。也就是说,他们打算打扫房间。正确答案是 B。

29. 男的对女的说:"这些花表达了我对你的感情,请收下。"也就是说,男的告诉女的自己喜欢她,希望她能收下花。正确答案是 A。

30. 女的问男的打算什么时候换车,男的说暂时不打算换。女的问男的:"你怎么这么节约啊?"男的回答:"能用就行了,干吗浪费呢?"也就是说,男的觉得车能用就行了,应该节约,不应该浪费钱去换新的。正确答案是 A。

31. 男的和女的商量谁最合适,女的推荐高明,但是男的说:"可惜年龄大了点儿",女的说:"不过他条件挺好的",男的听了以后表示再考虑考虑。也就是说,他们还没有决定。正确答案是 D。

32. 女的对男的说:"下一班地铁还有三分钟就到了",男的说地铁票非常便宜,女的说地铁的速度也很快。也就是说,他们现在还在地铁站等车,准备上地铁。正确答案是 C。

33. 男的问女的为什么这么晚才回来,女的告诉他路上堵车。男的又问女的找到那个市场没有,女的回答:"网站上的地址不对,电话号码也不对"。也就是说,女的今天很不顺利,去的时候堵车,后来又没找到那个市场。正确答案是 B。

34. 女的说现在污染越来越严重了,她自己很少用塑料袋。男的说:"只要人人都养成好习惯,世界就会更美丽。"也就是说,男的觉得应该保护环境。正确答案是 B。

35. 男的问女的到底进没进过厨房,女的说做菜对她来说是第一次,但是她要求男的说:"即使太咸或者太甜,你也得吃啊。"也就是说,女的现在打算做饭给男的吃。正确答案是 D。

36. 录音中说,小孩流着泪告诉卖花的人,自己买花是想送给"天上的妈妈"。也就是说,小孩的妈妈不在这个世界上了,已经死了。正确答案是 B。

37. 录音开头说,她工作很忙,所以母亲过生日时,她总是寄一份礼物,并不亲自去。可是听了这个小孩的话以后,她出发了,因为"现在还来得及,她要亲手把花送到母亲的手上"。也就是说,她决定去看看妈妈。正确答案是 D。

38. 录音中说:"浪漫的爱情电影可能会给人们提供九十分钟的轻松和快乐。"正确答案是 A。

39. 录音中说,浪漫的电影可能会影响人们对爱情的看法,如"四分之一的观众认为,爱人应该更理解他们,更重视他们"。也就是说,有些观众看了电影后觉得自己应该被重视。正确答案是 C。

40. 说话人先说:"大家好!我们今天毕业了";然后对老师说:"我们忘不了……;我们忘不了……";最后说:"我们要向每一位老师表达最真心的感谢"。也就是说,说话人今天毕业,他要向老师表达自己真心的感谢,那么他的心情应该是很高兴、很激动的。正确答案是 A。

41. 说话人对老师说:"我们忘不了您在风雨中给我们打伞,为了我们的安全,一直送我们到车站。"也就是说,老师以前送过学生到车站。正确答案是 D。

42. 录音中说:"如果平时只要孩子想要什么,家长就马上同意,那么孩子就会养成爱着急的脾气。"正确答案是 B。

43. 录音中说改变孩子的坏脾气是需要时间的,所以家长要有耐心,"如果孩子今天脾气好,一定要及时鼓励孩子"。也就是说,家长应该鼓励孩子。正确答案是 B。

44. 录音中说:"上大学的时候,我们喝啤酒都是大口、大碗地干杯",因为"觉得只有这样才能表达出自己的快乐"。正确答案是 D。

45. 录音中说:"现在成熟了,不那么喜欢热闹了,跟一两个好朋友找个安静的地方,喝杯红酒,聊聊天儿,交流交流,也十分愉快。"也就是说,"我"现在更喜欢安静的环境。正确答案是 C。

二、阅 读

第 一 部 分

46. "这位年轻艺术家的画儿（　　）了大家的兴趣"，括号前面是名词"画儿"，后面是助词"了"，说明括号中需要填一个动词。根据句意，这位艺术家的画儿让大家产生了兴趣。选项中的动词"引起"表示"产生出"，后面常跟"兴趣、注意"等词。正确答案是 C。

47. "我的手机可能（　　）在办公室了"，括号前面是助动词"可能"，说明括号中需要填一个动词。根据句意，我要去办公室找手机，那么很可能手机不在我身上，而是被忘在办公室了。选项中的动词"丢"表示"忘在一个地方或者找不到了"，常用格式是：丢 + 在 + 地方。正确答案是 E。

48. "每个人身上都有值得我们学习的（　　）"，括号前面是助词"的"，说明括号中需要填一个名词。根据句意，别人值得我们学习的当然是好的地方。选项中的名词"优点"表示"比别人好的地方"。正确答案是 A。

49. "我马上打电话去办公室了解一下（　　）"，括号前面是动词"了解"和动量词"一下"，说明括号中需要填一个名词。根据句意，"我"让别人别着急，因为我要打电话了解一下发生了什么事。选项中的名词"情况"表示"事情发生发展的过程"。正确答案是 F。

50. "时间不（　　）周末"，括号前面是副词"不"，后面是名词"周末"，说明括号中需要填一个动词。根据句意，一般 10 个工作日可以送到，周末不算在这个时间里。选项中的动词"包括"表示"（部分）在……里"。正确答案是 B。

51. "那就按照学号的（　　）一个一个叫他们进来吧"，括号前面是助词"的"，再前面是介词"按照"，说明括号中需要填一个名词。根据学号一个一个地叫学生进来，就是按照学号的"顺序"。正确答案是 B。

52. "最近这种药的价格（　　）了不少"，括号前面是名词"价格"，后面是助词"了"，说明括号中需要填一个动词。根据对话，A 提到药的价格，B 说这种药的价格不应该定得太高，也就是说，最近这种药的价格高了不少。选项中的动词"提高"表示"增加，比以前高"。正确答案是 F。

53. "有很多（　　）有趣的小游戏"，括号前面是形容词短语"很多"，后面的"有趣"也是形容词，说明括号中需要填一个跟后面一致的形容词。根据对话，这些游戏很有趣，我们玩儿得也很高兴，说明这些游戏很好。选项中的形容词"新鲜"表示"以前没有的"，和"有趣"一起用表示又新又有意思。正确答案是 D。

54. "觉得非常（　　）"，括号前面是副词"非常"，说明括号中应该填一个形容词。根据对话，我刚到国外时一个人也不认识，没有亲人和朋友，那么肯定觉得非常孤独。选项中的形容词"孤单"表示"没有朋友亲人时很孤独的感觉"。正确答案是 E。

55. "所以早上起床后（　　）特别好"，括号后面是形容词短语"特别好"做谓语，这个句子没有主语，说明括号中应该填一个名词做主语。根据对话，B 晚上睡觉睡得很好，那么早上起床后自然会觉得精神好。正确答案是 A。

第 二 部 分

56. "不过"是表示转折关系的连词，一般用在后一分句。前面的句子应该是"我知道你的心情不太好"，但"不过她来这儿看你"，所以"你至少要跟她见个面吧"。正确答案是 CBA。

57. "要是"是表示假设关系的连词，表示如果出现了一个情况，会带来什么样的结果。"要是不小心打到了身上"，那么结果是"会觉得非常疼"。到底什么"打到了身上"会疼呢？是网球，因为"网球的速度往往比较快"。正确答案是 ACB。

58. 连词"而"表示转折关系，放在后一分句。句子的正确顺序是"好的笑话让人高兴，而不好的笑话会使人难受"。为什么会谈到这个话题呢？前面应该有一个句子进行解释，那就是"开玩笑要注意"。正确答案是 BAC。

59. "而且"是表示并列关系的连词，一般用在后一分句，句子的正确顺序应该是"她租给我的那间屋子又大又舒服"，"而且一上午都有阳光"。正是因为这两个优点，所以"我对它十分满意"。正确答案是 CBA。

60. "穿上去也非常暖和"中有副词"也"，前面应该有另外一个分句跟"也"并列。所以第一句应该是"这种袜子质量很好"，第二句是"穿上去也非常暖和"，这两点"让我觉得手工制造的东西真不错"。正确答案是 CAB。

61. "可"是表示转折关系的连词，一般放在后一分句，句子的正确顺序应该是"那个误会他已经解释了好几次，可朋友还是不原谅他"。那怎么办呢？"他只好请我帮他想想办法"。正确答案是 ACB。

62. "随着"是介词，常常用于第一个分句，表示前面的变化带来了后面的变化。"随着经济水平的提高"，发生了什么变化呢？答案是 A、C 两句。其中"到国外留学的人数也增加了"中有一个副词"也"，应该放在后一分句，前一分句在意思上与这个句子并列，正确的顺序应该是"去外国旅游的人越来越多，到国外留学的人数也增加了"。正确答案是 BAC。

63. "不管……都……"是表示条件的关联词，表示在任何条件下结果都不会改变。句子的正确顺序应该是"不管妹妹怎么努力减肥，好像效果都不是十分理想"。那么"妹妹"打算怎么做呢？"于是她决定放弃算了"。"于是"是表示承接的连词，一般放在后一分句。正确答案是 ABC。

64. "本来……没想到……"的意思是"以前是一种情况，结果现在跟以前不一样，所以很吃惊"。句子的正确顺序应该是"本来这个活动只举行两周，没想到有那么多人希望参加"。因为出现了这个新情况，所以"估计我们得重新做个计划了"。正确答案是 CAB。

65. 连词"既然"常用于前一个分句,表示已经知道的一个现实,后面的分句表示根据这个现实得出的推论。第一个句子应该是"既然父亲表示不允许你这么做"。父亲为什么不允许呢?"那他一定有什么重要的原因","那"承接上句。根据这种情况该怎么做呢?"我"的建议是"你可以找个机会跟他好好谈谈"。正确答案是 CBA。

第 三 部 分

66. 这段话说她毕业后暂时没找到满意的工作,所以"先在一家商店当售货员"。也就是说,她的第一份工作是售货员。正确答案是 C。

67. 这段话说"这种电脑"跟笔记本差不多大,可以放进包里,出差或者坐飞机、火车时使用很方便。也就是说,这段话是关于电脑的。正确答案是 A。

68. 这段话说"我"去找他时,"他在房间里看书呢,说明天有考试",所以"我"没有跟他讨论那件事。也就是说,"我"没跟他谈是因为他在复习,准备明天的考试。正确答案是 C。

69. 这段话说那个地方"太远了",周末去的话可能"时间不够",要请假的话"有困难",所以说话人认为"没办法去了"。也就是说,说话人拒绝了对方。正确答案是 A。

70. 这段话说他"不怕辛苦",对自己要求也"很严格",但是一直"没有遇到什么好机会",所以他感觉有点儿失望。正确答案是 D。

71. 这段话说"我"因为刚买了新房子,所以现在没多少钱,有急用时得跟朋友借,所以决定"去银行办张信用卡"。也就是说,"我"想申请信用卡。正确答案是 C。

72. 这段话说也许别人觉得男朋友的职业、收入等很重要,但是"我"觉得最重要的是性格活泼,有幽默感。也就是说,"我"重视的是男友的性格。正确答案是 D。

73. 这段话说"环保材料"污染小，对健康影响小，所以现在大多数人都选择它。也就是说，使用环保材料现在已成为大部分人的、普遍的选择。正确答案是 B。

74. 这段话说姐姐经历了很多失败和批评，这次终于成功了，她流下了眼泪，一句话也说不出来。这说明姐姐现在的心情非常激动。正确答案是 C。

75. 这段话说"我们"学校最近没什么发展的原因是管理规定不太科学，不能很好地鼓励老师和学生。也就是说，这段话主要谈的是学校管理方面的问题。正确答案是 D。

76. 这段话说不管是不是熟悉的人，见面时说一句"你好"都会让人感到愉快。也就是说，这段话是想建议人们注意礼貌，对别人更热情。正确答案是 B。

77. 这段话说父母很爱孩子，却常常忘了去了解孩子的想法。也就是说，父母也要尊重孩子，听一听他们的想法。正确答案是 B。

78. 这段话说"我"丈夫放弃了当经理的机会，但是"我们"并不觉得可惜，"我们"觉得这样也许会让生活更幸福。也就是说，对丈夫放弃当经理，"我"是理解和支持的。正确答案是 D。

79. 这段话说有人觉得写日记麻烦，但是在不同年龄写下快乐或伤心的事，将来会觉得是"美好的回忆"。正确答案是 A。

80. 短文中说，当发现袋鼠跑出来以后，管理员们马上都认为是围墙太矮了，所以决定把墙"从原来的3米加高到5米"。正确答案是 B。

81. 短文中说，当袋鼠第二次跑出来后，管理员决定再把围墙加高一些。可是袋鼠觉得这些人很笨，"因为他们一直在加高围墙，却没有人记得关上大门"。也就是说，袋鼠跑出来的原因是大门没有关。正确答案是 C。

82. 短文中说京剧"1840年前后在北京出现，19世纪80年代逐渐发展成熟"。正确答案是 C。

83. 短文中说："京剧已有近200年的历史，现在仍然很流行，而且越来越多的年轻人也开始对它感兴趣了。"也就是说，现在京剧仍然受到人们的欢迎。正确答案是 C。

84. 短文中说："握手往往表示友好，是人和人之间的一种交流方法。"正确答案是 A。

85. 短文中说，握手的原因可能只有几种，其中一种是"遇到困难时表示的支持"。也就是说，在别人困难时跟他握手是表示对他的支持。正确答案是 D。

三、书 写

第 一 部 分

86. 这个句子的主语是名词"朋友",谓语是动词"借",宾语是"他的词典"。介词"给"和代词"我"组成介宾短语"给我",放在"借"后表示借的对象。正确答案是"朋友借给我他的词典"。

87. 这个句子的主语是名词"妈妈",谓语是动词"允许"。"允许"后面常跟小句,表示"允许"做什么事。小句的主语是"我",谓语是"回来","晚点儿"应该放在动词"回来"的前面做状语。正确答案是"妈妈允许我晚点儿回来"。

88. 这个句子的主语是代词"他",谓语是动词"吸引",宾语是名词"注意",组成句子"他吸引注意"。助动词"想"应该放在谓语动词"吸引"前面;"观众的"应该放在名词"注意"前做定语,组成"观众的注意"。正确答案是"他想吸引观众的注意"。

89. 词语中有"多长",说明这是个疑问句,问"多长时间"。主语是代词"你",谓语是动词"收拾",助动词"要"应该放在动词"收拾"的前面。正确答案是"你要收拾多长时间?"

90. 这个句子的主语是"张老师",谓语是动词"解释",宾语是名词"语法"。助词"了"放在动词"解释"的后面,"这个"放在名词"语法"的前面。正确答案是"张老师解释了这个语法"。

91. 代词"各"可以放在名词"班"的前面,组成"各班"做主语,谓语应该是连动形式"快到……集合","操场"放在"快到"后面做宾语。正确答案是"各班快到操场集合"。

92. 这个句子的主语是"发音",谓语是形容词"标准";代词"你"放在"发音"前,中间需要加助词"的";副词"极其"应该放在形容词"标准"的前面。正确答案是"你的发音极其标准"。

93. 词语中有疑问代词"怎么",说明这是个疑问句,基本格式是:怎么……呢?"向……表示……"是一个常用的结构,动词"感谢"作为表示的内容,应该放在动词"表示"的后面,组成短语"向她表示感谢"。正确答案是"怎么向她表示感谢呢?"

94. 这个句子的主语是代词"我",谓语是心理动词"烦恼"。介词"为"和宾语"这种事"组成"为这种事",放在"烦恼"的前面,表示烦恼的对象。副词"从来"应该放在"不"的前面强调否定,组成"从来不",放在介词短语"为这种事"的前面。正确答案是"我从来不为这种事烦恼"。

95. 这个句子的主语是代词"她",谓语是动词"说"。"说"的后面一般是小句,表示"说"的内容。小句的主语是"这个活动",谓语是动词"进行"。助词"得"和形容词"很顺利"组合后放在"进行"的后面做补语,描写"这个活动""进行"的情况。正确答案是"她说这个活动进行得很顺利"。

第 二 部 分

96. 词语分析:"尝"是动词,在句中常做谓语。图片上一个人在喝一杯东西。
    参考答案:她尝了尝那杯咖啡。/你想尝一下这杯茶吗?

97. 词语分析:"服务员"是名词,可以做主语或宾语。图片上一位服务员正在跟顾客说话。
    参考答案:这个服务员很热情。/这个服务员在跟顾客说话。

98. 词语分析:"结果"是名词,可以做主语或宾语。图片上一个人正在打乒乓球。
    参考答案:比赛结果是多少?/我不知道比赛的结果。

99. 词语分析:"逛"是动词,常用搭配是"逛商店""逛公园""逛街"等。"逛"也可以重叠,如"逛逛"。图片上一位女性在逛街,她手上有很多购物袋。
    参考答案:她常常自己逛商店。/她逛商店买了很多东西。

100. 词语分析:"凉快"是形容词,可以做谓语,也可以做定语。图片上一些人在海边游泳,肯定感觉很凉快。
    参考答案:在海边游泳真凉快。/外面比家里凉快。

HSK（四级）全真模拟试题（第9套）题解

一、听　力

第 一 部 分

1. 说话人说边骑自行车边听音乐"是不太安全的，容易发生危险"。也就是说，骑车时听音乐不安全。正确答案是"√"。

2. 说话人说这种啤酒"以前很便宜"，"现在的价格已经比以前贵了好几倍了"。也就是说，这种啤酒现在不便宜了。正确答案是"×"。

3. 说话人说这个学期"要准备新课，学生也要参加中考，不过到了寒假就能好好休息了"。要备课，有学生，还有寒假，说明他是一位老师。正确答案是"√"。

4. 说话人说小李"一直鼓励我、支持我"，现在小李有需要，"我肯定不会拒绝他的"。也就是说，小李以前常常鼓励他、支持他，所以他现在也愿意帮助小李这个朋友。正确答案是"√"。

5. 这句话说："我们只有注意到自己的缺点，才能变得更好。"也就是说，"我们"应该注意自己的缺点。正确答案是"×"。

6. 说话人说："父母一直希望能早点儿抱孙子"，他也希望"找到一个爱我的人，有一个温暖的家"。也就是说，父母希望他早点儿结婚生孩子，他自己也想结婚，有一个温暖的家。正确答案是"√"。

7. 说话人说，教练告诉他："你要努力让自己赢，但是输了也没关系"，因为"赢和输是每个人都必须经历的过程"。也就是说，教练告诉他输了也没关系，不是一定要赢。正确答案是"×"。

8. 这句话说搬进新房子前，应该"多买点儿绿色植物放在房间里"，因为"这样可以大大地减少污染"。也就是说，房子里多放些植物可以减少污染，说话人并没有提到房间是否漂亮的问题。正确答案是"×"。

9. 说话人说自己刚开始学汉语时,"发音和语法都有问题",可是他"很勇敢地用汉语跟别人交流,进步果然很大"。"交流"就是听别人说话并且和别人交谈、交换意见的意思,也就是说,学语言时多听多说,进步会很大。正确答案是"√"。

10. 这句话说:"兴趣是孩子最好的老师,家长在这方面别限制孩子",因为兴趣可以让孩子学到很多知识。也就是说,家长最好不要限制孩子的兴趣。正确答案是"√"。

第 二 部 分

11. 男的觉得冬天去北方太冷了,女的回答说:"我的想法正相反,在北方才能看到真正的冬天。"也就是说,女的不同意男的的看法,她觉得冬天去北方能看到真正的冬天,所以她想冬天去北方。正确答案是 D。

12. 女的告诉男的:"国内有一些保护小动物的专门组织。"男的问:"有关情况你能说得更详细一点儿吗?"也就是说,男的对这个组织很感兴趣,想多知道一些。正确答案是 C。

13. 男的觉得这个问题不太严重,问女的:"你有必要自己去一趟北京吗?"女的回答:"既然这个工作交给我做,我就要负责到底。"也就是说,女的认为自己应该负责到底,可见她是个很有责任心的人。正确答案是 D。

14. 女的想请男的吃饭,男的回答:"我马上要回宾馆拿行李,然后就直接去机场了。"也就是说,男的马上要去宾馆。正确答案是 C。

15. 男的对女的说:"弟弟已经道过几次歉了,态度也很好",所以希望女的"别生气了,原谅他吧"。女的回答:"谁说我还在生气啊?"这是一个反问句,意思是"我已经不生气了"。正确答案是 B。

16. 女的告诉男的:"大家都到电影院了,就差你一个了。"男的回答:"我十分钟前就到了,可是怎么也找不到入口。"也就是说,男的已经到了,可是现在还在找入口。正确答案是 A。

17. 男的问女的晚上是不是能轻松一下了，女的回答："我还得看看明天要学的内容，先准备一下"。也就是说，女的打算预习一下明天的学习内容。正确答案是C。

18. 女的问男的："难道还需要学校的证明吗？"这是一个反问句，意思是她觉得不需要学校的证明了。男的回答："是的，没有学校的证明真的办不了。"也就是说，必须要有证明才行。正确答案是B。

19. 男的问女的跟小文谈过了没有，女的回答："他那种态度真让人受不了，我以后再也不想跟他说话了。"也就是说，女的觉得小文的态度让人十分讨厌，以后也不想再跟他说话了。正确答案是A。

20. 女的说周末有京剧表演，问男的："现在买票还来得及吗？"男的说："下班后我去试试看。"也就是说，男的打算下班后去看看能不能买到票。正确答案是C。

21. 男的告诉女的他在报纸上看到一篇文章，介绍了她们的新节目，女的说："我们的节目内容又健康又有趣，非常适合全家一起坐在电视机前看。"也就是说，他们正在谈论一个新的电视节目。正确答案是D。

22. 女的问男的拿到奖金以后打算做什么，男的告诉她自己上个月用信用卡买了不少东西，所以"我得赶快用奖金去还信用卡的钱"。也就是说，他要用奖金还钱。正确答案是D。

23. 男的对女的说："你就是张伟啊？看这名字，我还以为是个小伙子呢。"女的说："很多人都有这样的误会。"也就是说，男的以为张伟是男的，误会了她的性别。正确答案是A。

24. 女的问男的："听说你们自己在院子里种菜？"男的告诉她："这样既可以锻炼身体，又能吃到新鲜的蔬菜。"也就是说，男的在自己的院子里种了菜。正确答案是B。

25. 男的对女的说:"您的每一部电影和电视剧我们都看过,大家都非常喜欢您的表演。"女的回答说:"谢谢你们的支持。"也就是说,女的很可能是电影和电视剧的演员。正确答案是 B。

第 三 部 分

26. 女的先建议选熟悉的车,因为"会比较好开",男的表示同意。然后女的问男的:"咱们要租几天?"男的回答:"一共四天。"也就是说,他们准备租一辆车。正确答案是 C。

27. 女的说运动完了以后,"喝冰饮料才舒服"。男的说:"热饮料也解渴,而且对身体更好。"也就是说,他们正在谈运动完了以后喝冰饮料还是热饮料的问题。正确答案是 A。

28. 女的想请男的出去吃晚饭,男的建议说:"我们自己在家做吧",因为"自己做的吃起来才香啊"。也就是说,男的想在家里做饭吃。正确答案是 B。

29. 男的夸女的:"你的日语说得真流利!"女的说自己跟一个日语老师学了两年,还看了不少日本电影,参加了不少日语活动。也就是说,女的日语非常好。正确答案是 D。

30. 女的问男的:"你怎么能在这儿抽烟?"还问男的:"你没看见'禁止吸烟'四个字吗?"男的回答:"对不起,我没注意。"也就是说,男的在禁止抽烟的地方抽烟了,所以女的批评了他。正确答案是 A。

31. 男的告诉女的:"小张他们三个人要加班,晚上不来吃饭了。"女的说她正准备出门去买菜,所以男的"这个电话打得太及时了"。正确答案是 D。

32. 女的告诉男的:"我喜欢那张长沙发",她还说:"售货员说可以打八折"。也就是说,他们现在正在家具店里选沙发。正确答案是 B。

33. 女的告诉男的她们走了两个多小时才到海边,男的问她游泳了没有,女的回答:"到那儿的时候,我已经完全没有力气了。"也就是说,女的走到海边后太累了,已经没有力气游泳了。正确答案是 C。

34. 男的拿出所有的钱帮助别人,女的知道男的收入不高,就问他当时是怎么想的。男的回答:"不帮她,她的生命就有危险。"又说:"对我来说,没有比生命更重要的东西了。"也就是说,男的觉得生命是最重要的。正确答案是 C。

35. 女的告诉男的自己从小学三年级到现在一直坚持写日记。正确答案是 A。

36. 录音中说:"他有一个习惯——关上身后的门。"正确答案是 C。

37. 朋友问他为什么有这样一个习惯,他回答:"我这样做是为了提醒自己:把过去的一切都留在后面……然后,你才可以重新开始。"正确答案是 A。

38. 录音中说:"科学家认为梦可以反映一个人真正的愿望。"正确答案是 B。

39. 录音中说:"大多数人认为梦与现实有着某种联系。"也就是说,大多数人觉得梦和现实有关。正确答案是 B。

40. 录音中说:"让我们鼓掌欢迎我们共同的朋友——著名画家范明先生。"正确答案是 A。

41. 录音中说:"范先生……在今年的国际比赛中获得了大奖。让我们一起举杯,向他表示祝贺!"正确答案是 D。

42. 录音中说:"最近邮局组织了一个活动,参加的人可以给十年以后的自己写一封信。"也就是说,这个活动是让人们写信给未来的自己。正确答案是 D。

43. 录音中说:"如果地址有变化,在网络上就可以修改。"也就是说,参加活动的人可以上网改地址。正确答案是 C。

44. 录音中说:"如果社会上的一些想法和做法不正确,我们还是应该坚持正确的。"也就是说,说话人认为"坚持正确的"这种做法是对的。正确答案是 D。

45. 录音中说:"我们可以试着去改变周围的环境。每个人只有为自己的理想去努力,将来才不会后悔。"正确答案是 A。

二、阅　读

第一部分

46. "这件漂亮的毛衣是好朋友从国外（　　）给我的礼物",括号前面是介宾短语"从国外",后面有名词"礼物",说明括号中需要填动词。根据句意,这件毛衣是好朋友从国外给我的,一般从国外到国内可以通过邮局来传送。选项中的动词"寄"表示"通过邮局来传送物品、信件到目的地",后面加人表示寄的对象时,需要跟介词"给"一起使用。正确答案是 E。

47. "那两位作家的（　　）非常有趣",括号前面是助词"的",后面有形容词"有趣",说明括号中需要填名词。根据句意,两位作家参加节目,肯定少不了他们互相的交流和谈话。选项中的名词"对话"表示"两个人互相的谈话"。正确答案是 C。

48. "我们班的（　　）学生已经回国了",括号前面是助词"的",后面是名词"学生",说明括号中需要填形容词或名词。根据句意,寒假开始了,我们班有一些学生已经回国了。选项中的名词"部分"表示"整体中的一些",后面可以直接跟名词。正确答案是 A。

49. "语言是人与人之间最方便的交流（　　）",括号前面有助词"的",说明括号中需要填名词。根据句意,语言是用来帮助人和人交流的。选项中的名词"工具"表示"用来帮助达到目的的东西"。正确答案是 F。

50. "我们学校计划在12月的时候（　　）一次留学生汉语比赛",括号前面的"在……的时候"做状语,后面是动量词"一次",说明括号中需要填动词。根据句意,我们学校计划在12月组织留学生搞一次比赛。选项中的动词"举办"表示"组织、进行活动",后面常跟"会议、比赛、活动"等。正确答案是 B。

51. "这是老板交给我的第一个（　　）"，括号前面有助词"的"，还有数量短语"第一个"，说明括号中需要填名词。根据对话，当翻译是老板交给B的工作，B必须完成。选项中的名词"任务"表示"要求完成的工作"。正确答案是B。

52. "我觉得我们的调查应该（　　）范围"，括号前面是助动词"应该"，后面是名词"范围"，说明括号中需要填动词。根据对话，B说那样需要更多的工作人员，说明A觉得调查范围要更广、更大。选项中的动词"扩大"表示"增加、变大"，后面常跟"范围、交流、影响"等。正确答案是F。

53. "有一个语法比较（　　）"，括号前面是副词"比较"，说明括号中需要填形容词或动词。根据对话，B没有听懂这个语法，说明这个语法不简单，很难懂。选项中的形容词"复杂"表示"不简单，很难做或很难弄明白"。正确答案是D。

54. "这个城市的气候（　　）就是'四季如春'"，括号前面有助词"的"，后面有谓语动词"是"，说明括号中需要填名词做主语。根据对话，A和B在谈论气候，B认为这里的气候"四季如春"，也就是说，这里四季都像春天一样，跟别的地方的气候不一样。选项中的名词"特点"表示"与别的不一样的地方"。正确答案是A。

55. "因为他是我见过的最（　　）的人"，括号前面是副词"最"，后面是助词"的"和名词"人"，说明括号中需要填形容词。根据对话，B完全相信"他"，因为"他"是B见过的最值得相信的人。选项中的形容词"诚实"表示"做人很真实，不说假话"。正确答案是E。

第 二 部 分

56. "首先……然后……"是表示事情先后顺序的常用句型，句子的正确顺序应该是"你首先要问清楚情况，然后再去判断对错"。"所以"是表示结果的连词，一般放在后一分句。正确答案是BCA。

57. 三个句子中，只有 A 句有主语、谓语，句意也很完整，可以放在第一句。"其中"表示"前面说的情况中"，一般放在后一个分句。句子的正确顺序应该是"这几个城市都很漂亮，其中上海非常现代化"，因此"给我留下的印象最深"。正确答案是 ABC。

58. 三个句子中，只有 A 句有主语、谓语，句意也很完整，可以放在第一句。"然而"是表示转折的连词，一般放在后一分句。句子的正确顺序应该是"《红楼梦》非常有名"，"然而后 40 回究竟是谁写的"，这还是个问题，"到现在也没有准确的答案"。正确答案是 ACB。

59. 三个句子中，只有 A 句有主语、谓语、宾语，句意也很完整，可以放在第一句。"并且"是连词，常常连接并列的小句，一般放在后一分句。句子的正确顺序应该是"我想他的电影一定很精彩"，"并且能让很多人觉得感动"。"否则"是连词，意思是"如果不是这样"，一般放在后一分句。根据题意，如果不是因为"他的电影很精彩"且"让人感动"，那么他的电影不会那么受欢迎。正确答案是 ABC。

60. 三个句子中，只有 A 句有主语、谓语，句意也很完整，所以"有的歌是非常难忘的"可以放在第一句。"例如"是举例子，具体说明前面的事实，"例如小时候学过的儿歌"就是用来举例说明有的歌非常难忘的。这些儿歌到底怎么让人难忘呢？"连七八十岁的老人都还记得"。"连……都……"是强调句，一般放在后一分句，加强说明前一分句的内容。正确答案是 ACB。

61. 三个句子中，只有 B 句有主语、谓语、宾语，句意也很完整，所以"这两种手机有一些区别"可以放在第一句。具体的区别是什么呢？"一种……另一种……"表示两种事物的不同，组成句子"一种适合喜欢拍照的人，另一种适合爱发短信的人"。正确答案是 BAC。

62. 三个句子中，A 句虽然语法结构也比较完整，但是开头的"这"指代什么不清楚，不能放在第一句。C 句有主语、谓语、宾语，句意也很完整，所以适合放在第一句。"其次"表示比较不重要的，一般放在重要的内容后。句子的正确顺序应该是"我希望女朋友性格活泼"，"其次要懂得照顾别人"。"性格活泼"和"懂得照顾别人"是"我"对女朋友的两个要求，因此"这两点对我来说最关键"。正确答案是 CBA。

63. 三个句子中，C 句虽然语法结构也比较完整，但是开头的"这里的一切"不清楚指的是哪里，不能放在第一句。A 句有主语、谓语、宾语，句意也很完整，适合放在第一句。"所以"表示前面的原因带来了后面的结果，一般放在后一分句。句子的正确顺序应该是"我第一次来北京"，"这里的一切都让我觉得新鲜"，"所以周末时我想到处逛逛"。正确答案是 ACB。

64. "不得不"表示没有别的办法，只好这样做。那么是什么情况让"我"没有办法，只好等她呢？第一个句子应该是"她一打扮起来就忘了时间"，所以"我每次都不得不等她"，这给"我"带来了一种变化，那就是"现在变得越来越有耐心了"。正确答案是 CAB。

65. "但"是连词，表示转折，一般放在后一分句，"但不是所有的时候"一句语意不完整，因此应该放在中间。句子的正确顺序应该是"每个人都应该说真话"，"但不是所有的时候"，"真话都能起到理想的效果"。正确答案是 ABC。

第 三 部 分

66. 这段话说他"从中学开始就希望自己能当个数学家"，不过现在成了银行经理。也就是说，他的理想是当"数学家"。正确答案是 A。

67. 这段话说在银行或者用电脑"都离不开密码"，但是要注意千万别忘记密码，也不能把密码随便告诉别人。因此，这段话的内容是关于密码的。正确答案是 D。

68. 这段话说毕业后"大家都在忙工作"，后来又结了婚，有了孩子，现在只能偶尔见一面。也就是说，同学们很少见面是因为都太忙了。正确答案是 C。

69. 这段话说她的母亲和父亲都生病了，她又丢了工作，没了收入，"我"觉得她"太可怜了"。也就是说，"我"十分同情她。正确答案是 D。

70. 这段话说有人喜欢去大城市旅游，可"我"的想法却相反，"我"喜欢去"没有工厂、没有商店、没有汽车，有很多很多植物的地方"。也就是说，"我"喜欢去有很多植物的地方，喜欢大自然。正确答案是 B。

71. 这段话说孩子成绩不好时，有的家长只知道批评他们，可是孩子想听到的话是"别放弃，加油"。也就是说，孩子希望听到父母的鼓励。正确答案是 B。

72. 这段话说这块表是爷爷送的，虽然不是高级的手表，但是"我"一直在用，20年来它没有慢过一分钟。也就是说，这块手表虽然很普通，但是非常准时。正确答案是 C。

73. 这段话说参加招聘会时，很多人只是给了材料以后就回家等消息，但是向招聘者"主动介绍自己更容易成功"。也就是说，参加招聘会时应该更积极、更主动。正确答案是 D。

74. 这段话说中国人拒绝别人时不太喜欢直接说"不"，因为人们觉得这样说"没有礼貌"。正确答案是 A。

75. 这段话说儿子出生时，"我"有一种感觉，那就是"要照顾父母，关心妻子，好好培养儿子"。也就是说，儿子的出生让"我"感觉到了什么是责任。正确答案是 C。

76. 这段话说老人常说，喜欢吃酸东西的妈妈会生儿子，喜欢吃辣东西的妈妈会生女儿，其实这种说法"是不科学的"。也就是说，这种说法没有得到证明，是没有根据的。正确答案是 B。

77. 这段话说医生认为在又冷又饿的时候先喝热牛奶，再吃巧克力的话，"对健康没有好处"。也就是说，如果牛奶和巧克力一起吃，对健康不好。正确答案是 C。

78. 这段话说:"美丽只是人的一种感觉,没有任何标准。"有的人即使不年轻了或者不怎么打扮,还是会让人觉得她是美丽的。正确答案是 A。

79. 这段话说在云南,除了汉族以外,还有 25 个少数民族,是中国少数民族最多的省。也就是说,云南一共有 26 个民族。正确答案是 B。

80. 短文中说一个人对医生说:"我觉得自己的病不严重,所以先去了药店,想自己买点儿药回家吃。"正确答案是 A。

81. 短文中说当这个人去药店买药时,药店里的人对他说:"你最好去看医生。"也就是说,这个人来医院是因为别人建议他来。正确答案是 C。

82. 短文中说每个人都知道"心情与健康有很大的关系,但是周围总有一些事情会影响我们的心情,让我们生气、激动或者难过"。也就是说,人们的心情会受到各种事情的影响。正确答案是 A。

83. 短文开头说:"人们常说'心宽体胖',意思是如果你感到愉快,那么身体自然就好。"短文后面也提到:"我们应该经常安慰自己,鼓励自己'笑一笑,十年少'。"也就是说,人的心情和健康有很大的关系。正确答案是 D。

84. 短文中说在实际生活中,"要认认真真、仔仔细细地做好每一件小事"。因为连小事都做不好,更不用说做大事了。也就是说,人们首先应该做好小事。正确答案是 C。

85. 短文中说没有人生下来就是成功的,"所以,要慢慢来,一点一点地积累,一点一点地进步"。也就是说,虽然人要有远大的理想,但是在生活中,要慢慢来,要实际一些,一点一点地积累和进步。正确答案是 B。

三、书 写

第 一 部 分

86. 词语中有"谁想",说明这是一个问句,结构是:谁想+做什么?词语中有"陪",一般结构是:陪+人+做什么,组成的句子是"陪我看电影"。正确答案是"谁想陪我看电影?"

87. 这个句子没有主语,说明大家都明白主语是什么。谓语是动词"商量",介词"跟"和名词"老师"组成介宾短语,放在谓语动词"商量"的前面,组成"跟老师商量"。助动词"应该"要放在"跟"的前面,"一下"应该放在动词"商量"的后面。正确答案是"应该跟老师商量一下"。

88. 这个句子的主语是"搬家","夏天"是时间名词,放在"搬家"的前面。"挺……的"可以做谓语,表示"很、非常",中间可以放形容词"辛苦",组成短语"挺辛苦的"。正确答案是"夏天搬家挺辛苦的"。

89. 这个句子的主语是"每个人",谓语是动词"说",宾语是名词"意见"。助动词"可以"放在动词"说"的前面,副词"都"放在主语的后面、助动词"可以"的前面。"出"是趋向补语,应该放在动词"说"的后面。正确答案是"每个人都可以说出意见"。

90. 这个句子的主语是名词"经理",谓语是"总结了",宾语是名词"成绩"。"今年的"和"工作"都应该放在"成绩"前面做定语,"工作"和"成绩"的关系更紧,所以顺序应该是"今年的工作成绩"。正确答案是"经理总结了今年的工作成绩"。

91. 这个句子的主语是代词"我",谓语是动词"通过",宾语是名词"考试",组成的句子是"我通过考试"。形容词"顺利"应该修饰动词"通过",助词"了"应该放在动词"通过"的后面,表示完成。正确答案是"我顺利通过了考试"。

92. 词语中有疑问词"多长",说明这是个疑问句,问"多长时间",结构是:主语+谓语+多长时间?句子里主语是名词"比赛",代词"那个"可以放在"比赛"的前面,谓语是"推迟了"。正确答案是"那个比赛推迟了多长时间?"

93. 这个句子的主语是"月亮",谓语是形容词"圆"。"中秋节"表示时间,做"月亮"的定语,中间要加上助词"的",副词"真"应该放在形容词"圆"的前面。正确答案是"中秋节的月亮真圆!"

94. 词语中有疑问代词"谁",说明这是个疑问句,结构是:谁+做什么+呢?句子里的动词是"找出",它的宾语应该是名词"原因"。助动词"能"应该放在动词"找出"的前面,"失败的"应该修饰名词"原因"。正确答案是"谁能找出失败的原因呢?"

95. 这个句子的主语是代词"那儿",谓语是动词"缺少",宾语是名词"老师"。"有经验的"和"外语"都应该修饰"老师",其中"外语"和"老师"的关系更紧,所以顺序应该是"有经验的外语老师"。正确答案是"那儿缺少有经验的外语老师"。

第 二 部 分

96. 词语分析:"掉"是动词,在句中常做谓语。图片上一个小孩在过桥,桥看上去很窄,孩子害怕掉下来。
    参考答案:小心,别掉下来。/孩子害怕掉下来。

97. 词语分析:"广告"是名词,在句中常做主语或宾语。图片上一个人在看电视广告。
    参考答案:他在看电视广告。/他觉得广告很有意思。

98. 词语分析:"年龄"是名词,在句中常做主语或宾语。图片上是一位老人。
    参考答案:你猜猜,那位老人多大年龄了?/那位老人年龄很大了。

99. 词语分析:"有趣"是形容词,在句中常做定语或谓语。图片上老师在讲课,学生在听课。
参考答案:这位老师的课很有趣。/她觉得学生们很有趣。

100. 词语分析:"软"是形容词,在句中常做谓语或定语。图片上有一小块蛋糕。
参考答案:这块蛋糕非常软。/我喜欢吃又香又软的蛋糕。

HSK（四级）全真模拟试题（第10套）题解

一、听　力

第 一 部 分

1. 这句话说："本次航班由北京飞往成都，飞机十分钟后就要起飞了。"也就是说，飞机现在还没有起飞。正确答案是"×"。

2. 这句话说"我"的爸爸妈妈在国外工作，只有春节的时候才会回来住一个星期，"其他时间我都是一个人生活"。也就是说，平时他都是自己一个人生活。正确答案是"√"。

3. 这句话说："其实打电话比发短信方便得多。"也就是说，打电话更方便。正确答案是"×"。

4. 这句话说："我不是一个粗心的人，但有一次不小心把公司的一份重要材料弄丢了。""粗心"的意思是"（办事等）不仔细，不细心"。也就是说，说话人只有一次弄丢了材料，平时都很仔细。正确答案是"×"。

5. 这句话说："小张，听说你考上教育学的博士了。"也就是说，小张考上了博士，专业是教育学。正确答案是"√"。

6. 这句话说："电梯坏了，我只好自己走上来。"也就是说，说话人住的地方有电梯，只是坏了。正确答案是"×"。

7. 这句话说一个人的表达能力非常重要，"特别是在面试的时候，表达能力好的人更容易找到工作"。也就是说，找工作面试的时候，表达能力非常重要。正确答案是"√"。

8. 说话人要洗一下裙子，她说："我下周有活动要穿，星期四之前能洗好吗？"也就是说，她下个星期有活动，需要穿裙子。正确答案是"√"。

9. 这句话中孩子对妈妈说:"老虎还在睡觉,没起床呢!我们还是先去看猴子吧,我要给猴子吃香蕉。"说明他们在看老虎和猴子这些动物,也就是说,他们现在在动物园。正确答案是"√"。

10. 说话人说他觉得在中小城市生活挺好的,"不像大城市那么忙,压力也不太大,人很容易感到幸福"。也就是说,说话人想在中小城市生活。正确答案是"×"。

第 二 部 分

11. 男的问女的为什么她的电话打不通,女的说:"我换了手机号码,忘了告诉你了。"也就是说,女的的电话打不通,是因为她换了新的手机号码。正确答案是C。

12. 女的对男的说:"明天去给孩子买生日礼物吧",男的说他上午事情办完了就和女的一起去买。也就是说,他们明天要一起去逛商店,给孩子买生日礼物。正确答案是D。

13. 男的说:"入秋以来,一场雨也没下,太干燥了",女的说她觉得自己的皮肤都是干干的。也就是说,他们在谈论最近的天气。正确答案是A。

14. 女的要再给男的加两个菜,男的说不用了,"把剩下的这点儿吃完就够了,再要就浪费了"。也就是说,男的觉得不用再加菜了,现在的菜已经够吃了。正确答案是B。

15. 男的说这次晚会女的应该表演跳舞,女的说:"我本来报名参加了,但前几天被车撞了,腿受伤了,不能跳了。"也就是说,女的的腿被撞伤了,所以这次晚会不能跳舞。正确答案是C。

16. 女的说男的的工作挺好的,放弃了很可惜,男的说他觉得自己的能力还不够,"想先考个管理方面的研究生"。也就是说,男的现在想考研究生。正确答案是D。

17. 男的说:"桌子椅子我都擦干净了",女的让他"把黑板擦一下",自己"来整理老师的讲台"。擦桌椅、擦黑板、整理讲台都是在教室做的事情,也就是说,他们可能在打扫教室。正确答案是 A。

18. 女的问男的觉得小于怎么样,男的说:"性格不错,就是感觉说话啊、考虑问题什么的,像个小孩子。"也就是说,男的觉得小于性格不错,但是不太成熟,像个小孩子。正确答案是 B。

19. 男的说:"今天的饺子真香啊!要是再咸一点儿就好了。"也就是说,男的觉得今天的饺子有点儿淡。正确答案是 C。

20. 女的说:"现在已经八点十五分了,希望你下次准时一点儿",男的说路上车坏了,下次他一定注意。也就是说,男的因为车坏了,所以迟到了。正确答案是 A。

21. 男的问女的那篇经济学方面的文章是否复印好了,女的说:"我马上就去。"也就是说,女的打算去复印那篇文章。正确答案是 D。

22. 女的在等火车,但火车还没来,男的告诉她:"四点二十分火车才能进站。"正确答案是 D。

23. 男的找女的谈话,因为她"最近经常不交作业,上课也不注意听讲"。女的交作业给男的,还上男的的课,也就是说,男的有可能是老师。正确答案是 B。

24. 女的说最近顾客特别多,她"一直讲话,嗓子不舒服,说话的时候特别疼"。也就是说,女的由于最近一直讲话,所以嗓子疼。正确答案是 C。

25. 男的说他只想买大的牙膏,不想买小的,女的说:"这个小牙膏不要钱,是我们超市送给您的。"也就是说,小牙膏是免费赠送的。正确答案是 B。

第 三 部 分

26. 女的说男的新换的电脑颜色很漂亮,男的说:"对我来说,是什么颜色没关系,我看中的是它的速度。"也就是说,男的新换的电脑速度很快,所以他才会买。正确答案是 B。

27. 男的告诉女的周一去办公室找她,可见他们现在不在办公室。接着男的说晚上公司还有会,先走了,可见他们现在也不在公司。女的说:"留下来吃晚饭吧,我做菜的水平还可以。"从"留下来吃晚饭"中可以推断,他们现在最可能在女的家。正确答案是 A。

28. 女的说周六是她跟男的的"结婚纪念日",也就是说,他们已经结婚了,是夫妻。正确答案是 C。

29. 男的问女的需要什么帮助,女的说:"我下午在超市买东西,后来发现钱包不见了。"也就是说,女的丢了钱包。正确答案是 A。

30. 男的说他明天要出差,女的问去几天,男的说:"明天去,星期五下午回来。"也就是说,男的星期五下午出差回来。正确答案是 D。

31. 男的说:"这里的冬天太冷了,开了空调也没用",女的说:"我觉得运动运动会暖和一点儿"。也就是说,女的建议男的多运动,这样会暖和一点儿。正确答案是 B。

32. 女的祝贺男的当上了教授,男的很高兴,请女的明天下了班一起去吃饭,还说"我已经请了小王他们了"。也就是说,男的明天晚上要请客。正确答案是 C。

33. 女的说她要去五楼的书店给孩子买本词典,男的说他要去七楼的咖啡馆跟朋友见面;然后女的说五楼到了,她先下去了。能够把人带到不同楼层的工具是电梯,也就是说,他们可能在电梯里。正确答案是 D。

34. 女的问男的："我买的沙发怎么样？"也就是说，女的买了沙发。正确答案是 C。

35. 男的问女的："这附近有修手表的吗？"也就是说，男的在找修表店。正确答案是 D。

36. 录音中说最近几百年来，"大熊猫的生活发生了很大的变化"，它们以前生活的地方现在住满了人，所以它们只能生活在高山上了。正确答案是 C。

37. 录音中说，由于大熊猫以前生活的地方现在住满了人，所以它们只能住在1200到3400米的高山上。也就是说，大熊猫现在一般生活在很高的山上。正确答案是 B。

38. 录音中说第一次和女孩子约会，"他很紧张，不知道说什么好"。正确答案是 A。

39. 录音中说"他平时喝咖啡喜欢加糖，但是那天忘记了"，结果女孩高兴地说她也喜欢喝苦咖啡。也就是说，他那天是因为忘记加糖了，所以才喝苦咖啡的。正确答案是 C。

40. 录音中说："我是去年考上大学的"，"专业是中国画"。也就是说，说话人是大学生。正确答案是 B。

41. 录音中说，说话人业余时间教小孩子画画儿，在他的课上，他让孩子随便画，"像不像没关系，只要有自己的想法就行"。也就是说，他觉得孩子画画儿最重要的是有自己的想法。正确答案是 A。

42. 录音中说，说话人刚来公司的时候很少跟同事们交流，但是这次她生病时，大家都很关心她，她对大家说："大家对我的好我会永远记在心里的。"也就是说，她在感谢同事们对她的关心。正确答案是 D。

43. 录音中说,说话人刚来公司时,"跟大家不太熟悉,所以很少跟同事们在一起交流"。也就是说,她刚来时很少跟大家交流,是因为她跟同事还不太熟悉。正确答案是 B。

44. 录音中说:"小时候常常希望自己快点儿长大",这样就可以不用爸爸妈妈管,可以做任何自己想做的事了。也就是说,说话人小时候的希望是快点儿长大。正确答案是 A。

45. 录音中说,长大以后才发现,很多事情还是不能由自己来决定,"这时候又想过小时候那种没有烦恼、没有压力的生活了"。也就是说,长大以后又觉得还是小时候最好。正确答案是 B。

二、阅 读

第一部分

46. "这种洗衣机（　　）起来很方便",括号前面是名词"洗衣机",后面是补语"起来",说明括号中需要填动词。根据句意,这种洗衣机用起来很方便,所以卖得很好。选项中的动词"使用"的意思是"用"。正确答案是 F。

47. "那座（　　）已经有一千三百多年的历史了",括号前面是代词"那"和量词"座",说明括号中需要填名词。选项中只有"桥"是名词。根据句意,那座桥已经有一千三百多年的历史了。正确答案是 C。

48. "老年人每年至少要（　　）一次身体",括号前面是能愿动词"要",后面是动量词"一次",说明括号中需要填动词。根据句意,为了健康,老年人当然要注意自己的身体有没有问题。选项中的动词"检查"的意思是"仔细查看",后面常常跟"身体、工作、作业"等。正确答案是 A。

49. "我们两个人（　　）不动",括号前面是名词短语"两个人",后面是补语"不动",说明括号中需要填动词。根据句意,这个沙发太重了,我们两个人搬不动。选项中的动词"抬"的意思是"两个或两个以上的人用手或肩膀搬东西"。正确答案是 E。

50. "所以最好在（　　）的时候来买",括号前面是介词"在",括号后面是结构"……的时候",说明括号中需要填名词或动词。根据句意,这儿的衣服很贵,所以最好是在价格降下来的时候买。选项中的离合词"打折"的意思是"按照比例降低价格"。正确答案是 B。

51. "我很喜欢（　　）",括号前面是动词"喜欢",后两个分句中出现了动词"学"和"练",说明括号中需要填名词、动词或动词短语。根据对话,B 八岁就开始学,已经练了十多年了,括号中的内容肯定跟需要学习的东西有关。选项中的动词短语"弹钢琴"正合适。正确答案是 F。

52. "但就是颜色有点儿（　　）"，括号前面是副词"有点儿"，说明括号中需要填形容词或动词。根据对话，B觉得A的那件衣服样子还不错，但是颜色不明亮，不太适合A。选项中的形容词"暗"的意思是"不明亮，没有光"。正确答案是A。

53. "电话（　　）了"，括号前面是名词"电话"，后面是助词"了"，说明括号中需要填动词或形容词。根据对话，A在洗衣服，电话发出了声音，A听到了，让B接一下。选项中的动词"响"的意思是"发出声音"，前面常有"铃、电话"等词做主语。正确答案是E。

54. "你最好还是去找王经理（　　）"，括号前面是动词短语"找王经理"，说明括号中需要填动词或动词短语。根据对话，A说他明天家里有点儿急事，不能来上班，B建议A最好去找王经理请求明天不工作。选项中的动词"请假"的意思是"因病或因事请求在一定时期不学习或工作"。正确答案是D。

55. "你为什么（　　）这个计划"，括号前面是介词短语"为什么"，括号后面是名词短语"这个计划"，说明括号中需要填动词。根据对话，因为那个计划没有考虑到大多数人的实际情况，所以B不同意。选项中的动词"反对"的意思是"不赞成，不同意"。正确答案是B。

第 二 部 分

56. "如果……就……"是表示假设关系的关联词，前一分句提出假设，后一分句往往表示前一分句成为现实的话，有可能会产生的结果。句子的正确顺序应该是"如果明天不下雨的话，我就带你去那儿看看"。但是"那儿"是指哪儿呢？"海边有几处房子很有特点"对这段话做了说明，可以放在第一句。正确答案是BAC。

57. "因此"是连词，常用来表示结果或结论，放在后一分句，前一分句表示原因。"要去医院检查一下身体"是原因，"因此向我请两三天的假"是结果。但是"原因"缺少主语，谁要去医院呢？"他说自己有点儿不舒服"，所以"要去医院检查一下身体"。正确答案是ABC。

58. 这三个句子中，只有 C 句有主语、谓语、宾语，语意也很清楚，所以"他刚刚才学了两个多月"可以放在第一句。虽然他学习时间不长，但是"就已经能画得这么好了"，"这确实是值得肯定的"。正确答案是 CBA。

59. 这三个句子中，只有 C 句有主语、谓语、宾语，所以"找男朋友时性格比能力更重要"可以放在第一句。为什么这样说呢？"因为能力是可以提高的"，"但是性格却很难改变"。正确答案是 CAB。

60. B 句中的"这"表示前面说过的情况，所以不能放在第一句；C 句也缺少主语，应该放在句中；A 句"人们平时开车上下班"可以放在第一句。按照时间顺序，接下来就是"周末开车带着家人出去旅行"，因此"这说明汽车在生活中越来越重要了"。正确答案是 ACB。

61. A 句有主语，其中"无论"是连词，常用在表示条件关系的句子中，放在前一分句，表示不管前一分句怎么改变，后一分句的结果都不变，因此"一个人无论做什么事情"适合放在第一句。C 句中的"只要"也是连词，常用于条件复句的前一分句，表示产生某种结果的必要条件，句子的正确顺序应该是"只要他对这件事情感兴趣，即使再苦再累也能做好"。正确答案是 ACB。

62. "尽管……但……"是表示转折关系的关联词，表示后一分句的意思与前一分句相反。句子的正确顺序是"尽管他没有直接拒绝"，"但我知道他不愿意去"。"我"为什么知道他不愿意呢？"因为他的不高兴都写在脸上了"。正确答案是 BCA。

63. 这三个句子中，只有 C 句有主语、谓语和宾语，句意也完整，所以"我没有告诉她这件事的详细情况"应该放在第一句。"是为了"表示做某件事的目的，常用在后半句中。"我没有告诉她这件事的详细情况，是为了不引起更多的误会"，但是"没想到却使误会越来越深了"。正确答案是 CAB。

64. 按照时间顺序，以前的情况当然放在最前面。句子的正确顺序是"以前不管买什么都得去商店，现在连电视、冰箱这样的大东西……"。后半句句意没有完，"连……都……"是一个常用结构，用来表示强调。句子的正确顺序是"现在连电视、冰箱这样的大东西，都可以坐在电脑前轻松购买了"。正确答案是ABC。

65. 这三个句子中，只有C句有主语、谓语、宾语，语意也清楚，所以"很多人都觉得自己太忙了"应该放在第一句。"因此"常用来表示结果或结论，放在后一分句，句子的正确顺序应该是"很多人都觉得自己太忙了，因此很少去锻炼身体"，但是"其实越忙才越应该锻炼"。正确答案是CBA。

第 三 部 分

66. 这段话说"我们"觉得她很好，"就是有一点，性格有点儿急，遇到事情爱发火"。也就是说，她的缺点是容易生气，脾气比较差。正确答案是C。

67. 这段话说最近南方的天气特别热，所以说话人建议"还是过一段时间再去那儿旅游吧，或者就去北方算了"。也就是说，说话人建议去北方旅游。正确答案是D。

68. 这段话说红队的技术没有蓝队的好，但是这场比赛红队踢得非常精彩，"大家都没想到会是这个结果，祝贺你们"。也就是说，这场比赛红队赢了。正确答案是A。

69. 这段话说西安在"6000年前就有了，是世界历史上第一座城市"。也就是说，西安的历史很长。正确答案是B。

70. 这段话说"我"去黄山，在山上突然下雨了，想买一把伞，"没想到一把伞要四十块钱，比山下贵了两倍"。也就是说，这段话主要是说黄山上的东西很贵。正确答案是B。

71. 这段话说由于长时间坐火车很无聊，"大部分人都会带上一本书看"。也就是说，大部分人喜欢在火车上看书。正确答案是A。

72. 这段话说父母从农村来到城里跟"我"一起住以后，"最大的问题就是，他们说的地方话别人听不懂，别人讲的普通话他们也听不习惯"。也就是说，父母搬来城里以后，最大的问题就是没办法跟人交流。正确答案是D。

73. 这段话说："皮肤暗的人不应该穿深颜色的衣服，这样会使人看起来比较老。"也就是说，皮肤暗的人穿深颜色的衣服，看起来会比较老。正确答案是C。

74. 这段话说每个人都应该"正确地认识自己的优点和缺点"，如果总用自己的优点跟别人的缺点比较，就会变得很骄傲。也就是说，我们应该正确地认识自己，了解自己。正确答案是B。

75. 这段话说学习语言的时候，"自己提前学习一下，可以更好地理解老师讲的词语和语法"。"提前学习"就是"预习"，所以这段话主要谈的是预习的好处。正确答案是D。

76. 这段话说这个人的病不严重，但是"烟要少抽"，因为他的病"就是抽烟过多引起的"。也就是说，这个人生病是因为抽烟多。正确答案是B。

77. 这段话说："明天考试就结束了，大学四年的生活也快要结束了。"也就是说，"我"马上就要大学毕业了。正确答案是A。

78. 这段话说如果"我"有一亿元，"我"会用它来帮助那些需要帮助的人，"因为钱不会给我带来快乐，但帮助别人会让我很快乐"。也就是说，"我"喜欢帮助人，因为这样会让"我"感到快乐。正确答案是C。

79. 这段话说："春节的时候，无论离家有多远，人们都会坐火车、坐飞机回家，跟家人一起吃饭聊天儿。"也就是说，春节的时候，中国人都会回家过年。正确答案是B。

80. 短文中说卖帽子的人睡觉时,"有十几只猴子跑过来,把他要卖的帽子全拿走了"。正确答案是 A。

81. 短文中说帽子被猴子拿到树上后,卖帽子的人生气地坐在了地上,结果猴子也学着他的样子坐在了树上,于是他把手里的帽子扔在地上,猴子也学着他把帽子都扔了下来。也就是说,他是让猴子学他才拿到帽子的。正确答案是 C。

82. 短文中说早上洗澡的话,"要是水的温度不合适,很容易感冒"。也就是说,早上洗澡要注意水的温度,否则容易感冒。正确答案是 B。

83. 短文中说如果中午洗澡,"洗完后常常会觉得很累"。正确答案是 D。

84. 短文中说中国的父母从小就让孩子练习用筷子吃饭,"因为他们觉得筷子用得好,孩子就会聪明"。也就是说,中国的父母觉得,练习用筷子能让孩子变聪明。正确答案是 A。

85. 短文中说吃大块肉的时候,"用刀把肉弄成小块,吃起来比筷子方便"。也就是说,吃肉时用刀更方便。正确答案是 C。

三、书 写

第一部分

86. 这是一个存现句,一般结构是:表示地方的词+动词+着/了+名词。本句中,表示地方的词是"墙上",动词是"挂",名词是"地图"。"着"是助词,放在动词"挂"的后面。"中国"是专有名词,可以放在"地图"前,表示地图的范围。"一张"是数量词,放在"中国地图"的前面。正确答案是"墙上挂着一张中国地图"。

87. 这个句子的主语是代词"她",谓语是"积累了",宾语是名词"经验",组成句子"她积累了经验"。名词"工作"做定语,应放在"经验"的前面,"很多"做定语,应放在"工作经验"的前面。正确答案是"她积累了很多工作经验"。

88. 这个句子的主语是代词"我们",谓语是动词"提供",宾语是名词"羽毛球",组成句子"我们提供羽毛球"。形容词"免费"做状语,应放在动词"提供"的前面,助动词"可以"应放在"免费提供"的前面。正确答案是"我们可以免费提供羽毛球"。

89. 这个句子的主语是名词"内容",谓语是形容词"精彩"。"这本书"做定语,应放在主语"内容"的前面,中间需要加助词"的";副词"更"做状语,应放在形容词谓语"精彩"的前面。正确答案是"这本书的内容更精彩"。

90. 这个句子的主语是代词"你",谓语是动词短语"做出",宾语是动词兼名词"保证"。介词短语"向他"做状语,放在谓语"做出"的前面,表示谓语的对象。副词"必须"做状语,应放在"向他做出"的前面。正确答案是"你必须向他做出保证"。

91. 这个句子的主语是代词"他",谓语是动词短语"申请到",宾语是名词"签证"。副词"没有"做状语,放在谓语"申请到"的前面,"来中国的"做定语,放在"签证"的前面。正确答案是"他没有申请到来中国的签证"。

92. 词语中有"怎么样",说明这是个疑问句,句式为:……怎么样?句子的主语是名词"效果","这种药"做定语,应放在名词"效果"的前面,中间需要加助词"的"。正确答案是"这种药的效果怎么样?"

93. 这个句子的主语是名词"回答",谓语是形容词"准确"。代词"他"做定语,放在主语"回答"的前面,中间需要加助词"的",组成"他的回答"。副词"十分"做状语,放在"准确"的前面。正确答案是"他的回答十分准确"。

94. 词语中有"吗",说明这是个疑问句,"吗"放在句子最后。句子的主语是代词"你",谓语是动词"完成",宾语是名词"任务"。副词"按时"做状语,放在动词"完成"的前面,助动词"能"放在"按时完成"的前面。正确答案是"你能按时完成任务吗?"

95. 这个句子的主语是"那个地方",谓语是动词"值得",宾语是动词"去"。"值得"后面常跟动词短语做宾语,表示值得做什么。副词"不"和"太"做状语,放在动词"值得"的前面。正确答案是"那个地方不太值得去"。

第 二 部 分

96. 词语分析:"理发"是离合词,在句中做谓语。图片上一个人正在理发。
参考答案:她正在理发。/她很高兴地去理发。

97. 词语分析:"硬"是形容词,在句中做谓语或定语。图片上有一把看起来很硬的椅子。
参考答案:这种椅子比较硬。/这把椅子看起来很硬。

98. 词语分析:"压力"是名词,在句中做主语或宾语。图片上一个女的看上去很累,可能是因为压力太大了。
参考答案:她最近压力很大。/她有很大的压力。

99. 词语分析:"收拾"是动词,在句中做谓语。图片上一个学生趴在书上,好像不愿意收拾这么多书。

    参考答案:他不想收拾这些书。/他很久没有收拾了。

100. 词语分析:"日记"是名词,在句中做主语或宾语。图片上一个女孩在写东西。

    参考答案:她每天都写日记。/写日记是个好习惯。

北大版新HSK应试辅导丛书

Papers with Solutions

SAMPLE TEST FOR 走进

NEW HSK

II 新 汉语水平考试
全真模拟试题及题解

夏小芸 刘 影 沈灿淑 王建强 编著

北京大学出版社
PEKING UNIVERSITY PRESS

图书在版编目（CIP）数据

走进 NEW HSK. 新汉语水平考试全真模拟试题及题解. 四级 Ⅱ／夏小芸，刘影，沈灿淑等编著. —北京：北京大学出版社，2013.1
（北大版新 HSK 应试辅导丛书）
ISBN 978-7-301-21449-7

Ⅰ. ①走… Ⅱ. ①夏…②刘…③沈… Ⅲ. ①汉语—对外汉语教学—水平考试—题解 Ⅳ. ①H195-44

中国版本图书馆 CIP 数据核字（2012）第 245951 号

书　　　名：	走进 NEW HSK：新汉语水平考试全真模拟试题及题解　四级 Ⅱ
著作责任者：	夏小芸　刘　影　沈灿淑　王建强　编著
责 任 编 辑：	周　鹂
标 准 书 号：	ISBN 978-7-301-21449-7／H·3165
出 版 发 行：	北京大学出版社
地　　　址：	北京市海淀区成府路 205 号　100871
网　　　址：	http://www.pup.cn　　新浪官方微博：@北京大学出版社
电 子 信 箱：	zpup@pup.cn
电　　　话：	邮购部 62752015　发行部 62750672　编辑部 62752028 出版部 62754962
印 刷 者：	北京大学印刷厂
经 销 者：	新华书店
	787 毫米×1092 毫米　16 开本　15.25 印张　282 千字 2013 年 1 月第 1 版　2019 年 9 月第 2 次印刷
定　　　价：	48.00 元（附 MP3 盘 1 张）

未经许可，不得以任何方式复制或抄袭本书之部分或全部内容。
版权所有，侵权必究
举报电话：010-62752024　电子信箱：fd@pup.pku.edu.cn

出版说明

由国家汉办组织研发的新汉语水平考试（HSK）是一项国际汉语能力标准化考试，自2009年在全球开始推广以来，受到各国汉语学习者的普遍欢迎。

然而，与原HSK比较，新HSK在设计理念与测试目的等方面都有很大不同。新HSK强调"考教结合""以考促教""以考促学"，注重以鼓励策略促使考生汉语能力的发展。

在等级设置与题目设计上，新HSK也与原HSK有明显差异。新HSK设置了笔试6个等级和口试3个等级，扩大了考试的覆盖面；在题目设计上更强调测试考生的实际语言运用能力，而非语言知识的掌握程度。

面对新的测试理念和新的题型，很多辅导教师，特别是习惯于原HSK以语言知识解析的方式讲解考题的教师，往往觉得新HSK辅导无从下手，新的题型无从讲起。同时，很多考生因不了解新HSK的题型特点，往往不知如何复习备考。

北京大学出版社自新HSK推出以来，始终关注并全力支持新HSK的发展，对新HSK的测试理论与实践进行了较为深入的研究与探讨，并在此基础上，组织新HSK研究者和一线教师研发出版了一系列的仿真模拟试卷和应试辅导教材，为辅导教师和广大考生提供了有益的帮助。

本次出版的这套《走进NEW HSK：新汉语水平考试全真模拟试题及题解》共计9册：一级、二级和三级各1册，每册包括10套全真模拟试卷；四级、五级和六级各两册，每册包括5套全真模拟试卷。这套模拟试题主要有两大特点：其一是仿真程度高，严格遵循考试大纲并参照官方公布的考试真题设计；其二是题解注重实效，强调语言知识、应试技巧与答题思路的结合，从而为教师的辅导提供参考，更为考生复习备考指引门径。通过本套试题，考生不仅可以有效测试出现有水平，更能够提高汉语运用能力，并掌握复习备考的方法及应试策略。

北京大学出版社
汉语及语言学编辑部

新汉语水平考试
HSK（四级）
全真模拟试题
（第6套）

注　意

一、**HSK**（四级）分三部分：

　　1. 听力（45题，约30分钟）

　　2. 阅读（40题，40分钟）

　　3. 书写（15题，25分钟）

二、听力结束后，有5分钟填写答题卡。

三、全部考试约105分钟（含考生填写个人信息时间5分钟）。

中国　北京　　　　　　　　××××/××××××　　编制

一、听 力

第 一 部 分

第 1—10 题：判断对错。

例如：我想去办个信用卡，今天下午你有时间吗？陪我去一趟银行？

  ★ 他打算下午去银行。 （ ✓ ）

  现在我很少看电视，其中一个原因是，广告太多了，不管什么时间，也不管什么节目，只要你打开电视，总能看到那么多的广告，浪费我的时间。

  ★ 他喜欢看电视广告。 （ ✗ ）

1. ★ 爷爷身体很健康。 （ ）
2. ★ 她很讨厌张小阳。 （ ）
3. ★ 夏天喝饮料对身体不好。 （ ）
4. ★ 他是售货员。 （ ）
5. ★ 这种植物喜欢水和阳光。 （ ）
6. ★ 张老师京剧唱得很好。 （ ）
7. ★ 他要把人民币换成美元。 （ ）
8. ★ 现在是冬天。 （ ）
9. ★ 提前发出邀请比较有礼貌。 （ ）
10. ★ 他们现在要去超市买东西。 （ ）

第 二 部 分

第 11—25 题：请选出正确答案。

例如：女：该加油了，去机场的路上有加油站吗？

男：有，你放心吧。

问：男的主要是什么意思？

     A 去机场   B 快到了   C 油是满的   D 有加油站 ✓

11. A 丈夫不做饭   B 丈夫不上班   C 她不进厨房   D 她下班很晚

12. A 修手机   B 去考试   C 打比赛   D 买网球

13. A 她喜欢喝茶   B 她不想睡觉   C 茶对身体好   D 喝茶没影响

14. A 朋友   B 运动   C 爱好   D 职业

15. A 医生和病人   B 母亲和儿子   C 经理和客人   D 老师和学生

16. A 帮人租房子   B 请男的帮忙   C 帮朋友搬家   D 请男的吃饭

17. A 1：45   B 2：15   C 2：00   D 2：30

18. A 医生   B 律师   C 卖电脑的   D 出租车司机

19. A 不想去打球   B 身体不舒服   C 一会儿再去   D 不愿意看书

20. A 比较漂亮   B 不太舒服   C 价格太贵   D 有点儿短

21. A 旅游　　　　　B 出差　　　　　C 做饭　　　　　D 买菜

22. A 咳嗽得厉害　　B 头有点儿疼　　C 休息得不好　　D 心情不太好

23. A 理发店　　　　B 大使馆　　　　C 体育馆　　　　D 鲜花店

24. A 已经干了　　　B 天要黑了　　　C 衣服脏了　　　D 快下雨了

25. A 男的很生气　　B 男的感冒了　　C 女的要吃药　　D 女的很伤心

第 三 部 分

第 26—45 题：请选出正确答案。

例如：男：把这个材料复印 5 份，一会儿拿到会议室发给大家。

女：好的。会议是下午三点吗？

男：改了。三点半，推迟了半个小时。

女：好，602 会议室没变吧？

男：对，没变。

问：会议几点开始？

A 两点　　　　　B 3 点　　　　　C 15：30　✓　　　D 18：00

26. A 飞机不安全　　B 飞机不准时　　C 火车更方便　　D 火车票便宜

27. A 找工作　　　　B 学知识　　　　C 开公司　　　　D 去开会

28. A 音乐　　　　　B 爱好　　　　　C 电影　　　　　D 旅游

29. A 很容易毕业　　B 考的人很多　　C 专业课很难　　D 学习很轻松

30. A 吃东西　　　　B 看电视　　　　C 上班赚钱　　　D 锻炼身体

31. A 学校　　　　　B 医院　　　　　C 公司　　　　　D 银行

32. A 没精神　　　　B 哭过了　　　　C 眼睛疼　　　　D 被批评了

— 4 —

33. **A** 星期一　　　　　**B** 星期三　　　　　**C** 星期四　　　　　**D** 星期五

34. **A** 心情很愉快　　**B** 累得生病了　　**C** 很羡慕别人　　**D** 是一个导游

35. **A** 很咸　　　　　**B** 很甜　　　　　**C** 很香　　　　　**D** 很辣

36. **A** 多看书　　　　**B** 找工作　　　　**C** 读大学　　　　**D** 吃东西

37. **A** 赚钱不容易　　**B** 工作太忙了　　**C** 经济压力大　　**D** 没有好爸爸

38. **A** 孩子们　　　　**B** 学生们　　　　**C** 年轻人　　　　**D** 老年人

39. **A** 说假话的人　　**B** 人身的安全　　**C** 保护好眼睛　　**D** 网站的内容

40. **A** 很愉快　　　　**B** 很后悔　　　　**C** 很兴奋　　　　**D** 很失望

41. **A** 做饭　　　　　**B** 发火　　　　　**C** 道歉　　　　　**D** 开玩笑

42. **A** 想爸爸妈妈了　**B** 跟丈夫生气了　**C** 妈妈得重病了　**D** 要看足球比赛

43. **A** 超市　　　　　**B** 医院　　　　　**C** 她女儿家　　　**D** 她妈妈家

44. **A** 看电视的坏处　**B** 电视节目内容　**C** 看电视的时间　**D** 电视的重要性

45. **A** 身体非常健康　**B** 不常看书学习　**C** 不爱和人交流　**D** 眼睛特别不好

二、阅 读

第 一 部 分

第46—50题：选词填空。

    A 禁止   B 干杯   C 误会   D 坚持   E 值得   F 效果

例如：她每天都（ D ）走路上下班，所以身体一直很不错。

46. 这种药（   ）真好，我只吃了两天就不咳嗽了。

47. 你（   ）她了，她完全不知道这件事。

48. 对不起，这里（   ）停车，请您把车停到后面的停车场去。

49. 让我们拿起酒杯，为我们的友谊（   ）！

50. 西湖的风景特别漂亮，很（   ）去。

第 51—55 题：选词填空。

A 羡慕　　B 严格　　C 温度　　D 算　　E 印象　　F 适应

例如：A：今天真冷啊，好像白天最高（ C ）才 2℃。
　　　B：刚才电视里说明天更冷。

51. A：今天面试的几个人你觉得怎么样？
　　B：我对李荣（　　）最好，我觉得她有礼貌，有信心，有能力。

52. A：张老师对我们也太（　　）了，一次作业不交都不行。
　　B：我觉得这样的老师才是负责的老师呢。

53. A：听说张文毕业后不想工作，要申请去国外留学。
　　B：我真（　　）她，如果我的英语像她那么好，我也去留学。

54. A：你们国家的气候和这里不太一样吧？
　　B：对，不太一样，不过我现在已经完全（　　）了。

55. A：这次活动一共要花多少钱啊？
　　B：我来（　　）一下，明天告诉你。

第 二 部 分

第 56—65 题：排列顺序。

例如：A 可是今天起晚了
　　　B 平时我骑自行车上下班
　　　C 所以就打车来公司　　　　　　　　　　　　　B A C

56. A 千万不要随便打骂他们
　　B 而是要耐心地进行教育
　　C 如果孩子做错了什么事　　　　　　　　　　　_____

57. A 是这件事使我改变了看法
　　B 我原来对他的印象并不好
　　C 对他有了一个新的认识　　　　　　　　　　　_____

58. A 所以现在发展得很严重
　　B 但因为我们一直没太重视
　　C 孩子前几天就觉得有点儿不舒服　　　　　　　_____

59. A 尽管遇到了很多困难
　　B 所以才能获得现在的成功
　　C 他也从没放弃过努力　　　　　　　　　　　　_____

— 8 —

60. A 由于不熟悉当地的市场情况
    B 他做生意的时候被人骗了
    C 只好回到北京重新开始   _____

61. A 这些材料请你按照顺序整理好
    B 否则弄丢了就麻烦了
    C 然后把它们收到旁边的办公室去   _____

62. A 因此生意一直特别好
    B 不管客人遇到什么困难都想办法解决
    C 这家宾馆的服务员态度特别好   _____

63. A 他会高兴地答应并且帮你到底
    B 无论是学习、生活还是工作方面
    C 只要有困难，找他肯定没错   _____

64. A 这种天气我肯定是躺在家里睡觉的
    B 如果不是为了帮你去报名
    C 因此你得好好谢谢我才行   _____

65. A 他们俩谁都不愿意先道歉
    B 到最后这段爱情就只能结束了
    C 于是误会也就越来越深   _____

第三部分

第66—85题：请选出正确答案。

例如：她很活泼，说话很有趣，总能给我们带来快乐，我们都很喜欢和她在一起。

★ 她是个什么样的人？

A 幽默 ✓　　　B 马虎　　　C 骄傲　　　D 害羞

66. 这儿的房子虽然质量很好，但是周围找不到医院、银行，也没有超市和菜场，我不想买。

★ 这儿的房子：

A 质量不太好　　B 价格很便宜　　C 生活不方便　　D 环境非常好

67. 经理特别重视我，把一个很重要的工作交给我负责，我一定不会让她失望的。

★ 根据这段话，可以知道"我"会：

A 很伤心　　B 很努力　　C 很失望　　D 很诚实

68. 在这儿工作虽然比较辛苦，但是收入挺高的，而且同事之间的关系也很好，我感觉很愉快。

★ 这个工作：

A 赚钱多　　B 很轻松　　C 很有趣　　D 容易做

69. 即使你还没感觉到口渴，也要经常喝水，因为等你感觉到的时候，身体已经缺水了。

★ 这段话告诉我们：

A 口渴再喝水　　B 多喝水不好　　C 应该常喝水　　D 喝水不生病

70. 这种家具虽然价格稍微贵了点儿，但都是用特别环保的材料做的，没有味道，保证你买了不后悔。

★ 这种家具：

A 非常贵　　　　B 味道重　　　　C 不环保　　　　D 值得买

71. 为了让自己更漂亮，越来越多的女孩子通过不吃饭来减肥，其实这样做是在用健康换美丽。更好的办法是多参加运动。

★ 减肥的好办法是：

A 运动　　　　B 吃药　　　　C 不吃饭　　　　D 少睡觉

72. 近几年，汽车在中国越来越普遍了，这给人们带来了方便。但汽车太多会引起堵车，给城市交通带来麻烦，因此出门最好乘坐公共交通工具。

★ 这段话谈的是：

A 城市　　　　B 交通　　　　C 旅游　　　　D 汽车

73. 大兴安岭森林是中国北方最大的森林，森林里共有植物一千多种。二十多条河流经过大兴安岭，最后流入黑龙江。

★ 大兴安岭森林：

A 在黑龙江边上　　B 有一千种植物　　C 是中国最大　　D 在中国北方

74. 我们做医生的都特别辛苦，加班是经常的事，节日也别想休息。但我还是喜欢这个工作，看到病人健康地走出医院，我心里就特别高兴。

★ 根据这段话，可以知道：

A "我"是医生　　B "我"没烦恼　　C 医生常放假　　D 医生收入高

75. 性格活泼的人更容易交到朋友，因为这样的人常常很快乐，也总是能给别人带来快乐。

★ 性格活泼的人：

A 喜欢帮助人　　B 朋友会更多　　C 常常开玩笑　　D 很容易骄傲

76. 绿色食品指没有污染的、安全的、优质的食品。绿色食品标准分为 AA 级和 A 级两种。

★ 绿色食品：

A 是绿颜色的　　B 味道特别好　　C 有三个标准　　D 没有被污染

77. 我原来以为进这种大公司肯定特别难，可没想到竟然能被招聘进来，我真是太高兴了！晚上我请客。
    ★ 说话人是什么语气？
    A 怀疑　　　　B 后悔　　　　C 激动　　　　D 羡慕

78. 现在的广告越来越好看了，内容有趣，音乐好听，不像以前的广告那样只是简单地介绍东西的优点，所以没有好节目的时候，我就看广告。
    ★ 过去的广告：
    A 比较无聊　　B 内容有趣　　C 音乐好听　　D 没有人看

79. 有钱人并不一定幸福，穷人也不一定不幸福。幸福不幸福，关键是看你对生活的态度。如果你觉得自己是个幸福的人，那么你就会幸福。
    ★ 根据这段话，可以知道：
    A 有钱人幸福　B 穷人不幸福　C 态度影响幸福　D 幸福很难得到

80—81.
　　羚羊妈妈每天都带着小羚羊练习跑步，她对孩子说："如果你跑不过最快的狮子，那你就会被他们吃掉。"邻居小狮子听了羚羊妈妈的话，骄傲地说："可怜的小羚羊，我可不用练习跑步，我们狮子是草原上最厉害的动物。"羚羊妈妈笑着说："但是，如果你跑不过最慢的羚羊，你就会饿死。"

　　★ 小羚羊为什么要练习跑步？
　　A 锻炼身体　　B 喜欢跑步　　C 参加比赛　　D 保护自己

　　★ 如果狮子不练习跑步，它会：
　　A 被吃掉　　　B 饿死　　　　C 越来越胖　　D 没有朋友

82—83.

如果您在购物过程中有任何不满意的地方，包括环境、售货员的态度，请您把意见留在这个本子上，我们会派专门的人来解决这些问题。如果您购买的东西有质量方面的问题，请直接打电话给我们，号码是 83568888。您的意见可以帮助我们提高服务质量，使您在购物时更加愉快。

★ 在什么地方可以看到这段话？
A 商店　　　　B 医院　　　　C 车站　　　　D 饭店

★ 如果对售货员有意见，可以：
A 去找经理　　B 不买东西　　C 写在本子上　　D 让他道个歉

84—85.

由于各种原因，污染越来越严重了，我们的生活环境也越来越差了。现在人们已经逐渐认识到环境保护很重要。有些人觉得保护环境是国家的事情，但其实只要每个人都做出一点儿努力，比如节约一张纸，关掉不用的灯，少开一次车，少用一次洗衣机，环境就会有很大的改变。

★ 保护环境：
A 是国家的事　B 人人有责任　C 不容易做到　D 要花很多钱

★ 我们应该怎样做？
A 最好别开灯　B 别去学开车　C 不要扔垃圾　D 从小事做起

三、书　写

第一部分

第 86—95 题：完成句子。

例如：那座桥　　800 年的　　历史　　有　　了

　　　 那座桥有800年的历史了。

86. 牙膏　　很有效　　这种　　对　　牙疼

87. 这个　　我　　要求　　了　　拒绝

88. 我　　密码　　忘记了　　把

89. 看法　　你　　能　　谈谈　　对这件事的　　吗

90. 精神　　值得　　学习　　这种　　我们

91. 比　　南方的　　湿润　　北方　　气候

92. 重新　　申请　　应该　　签证　　你

93. 标准　　她的　　动作　　很

94. 给　　他　　留下了　　大家　　很深的印象

95. 换　　不要　　年轻人　　随便　　工作

第 二 部 分

第 96—100 题：看图，用词造句。

例如：  乒乓球 她很喜欢打乒乓球。

96.  味道   97.  伤心

98.  撞   99.  乱

100.  洗衣机

新汉语水平考试
HSK（四级）答题卡

姓名 _____

国籍 [0][1][2][3][4][5][6][7][8][9]
    [0][1][2][3][4][5][6][7][8][9]
    [0][1][2][3][4][5][6][7][8][9]

序号 [0][1][2][3][4][5][6][7][8][9]
    [0][1][2][3][4][5][6][7][8][9]
    [0][1][2][3][4][5][6][7][8][9]
    [0][1][2][3][4][5][6][7][8][9]

性别   男 [1]   女 [2]

考点 [0][1][2][3][4][5][6][7][8][9]
    [0][1][2][3][4][5][6][7][8][9]
    [0][1][2][3][4][5][6][7][8][9]

年龄 [0][1][2][3][4][5][6][7][8][9]
    [0][1][2][3][4][5][6][7][8][9]

你是华裔吗？
是 [1]   不是 [2]

学习汉语的时间：
1 年以下 [1]   1 年—2 年 [2]   2 年—3 年 [3]   3 年以上 [4]

注意   请用2B铅笔这样写：■

一、听力

1. [✓][✗]   6. [✓][✗]   11. [A][B][C][D]   16. [A][B][C][D]   21. [A][B][C][D]
2. [✓][✗]   7. [✓][✗]   12. [A][B][C][D]   17. [A][B][C][D]   22. [A][B][C][D]
3. [✓][✗]   8. [✓][✗]   13. [A][B][C][D]   18. [A][B][C][D]   23. [A][B][C][D]
4. [✓][✗]   9. [✓][✗]   14. [A][B][C][D]   19. [A][B][C][D]   24. [A][B][C][D]
5. [✓][✗]   10. [✓][✗]   15. [A][B][C][D]   20. [A][B][C][D]   25. [A][B][C][D]

26. [A][B][C][D]   31. [A][B][C][D]   36. [A][B][C][D]   41. [A][B][C][D]
27. [A][B][C][D]   32. [A][B][C][D]   37. [A][B][C][D]   42. [A][B][C][D]
28. [A][B][C][D]   33. [A][B][C][D]   38. [A][B][C][D]   43. [A][B][C][D]
29. [A][B][C][D]   34. [A][B][C][D]   39. [A][B][C][D]   44. [A][B][C][D]
30. [A][B][C][D]   35. [A][B][C][D]   40. [A][B][C][D]   45. [A][B][C][D]

二、阅读

46. [A][B][C][D][E][F]   51. [A][B][C][D][E][F]
47. [A][B][C][D][E][F]   52. [A][B][C][D][E][F]
48. [A][B][C][D][E][F]   53. [A][B][C][D][E][F]
49. [A][B][C][D][E][F]   54. [A][B][C][D][E][F]
50. [A][B][C][D][E][F]   55. [A][B][C][D][E][F]

56. _____   58. _____   60. _____   62. _____   64. _____
57. _____   59. _____   61. _____   63. _____   65. _____

66. [A][B][C][D]   71. [A][B][C][D]   76. [A][B][C][D]   81. [A][B][C][D]
67. [A][B][C][D]   72. [A][B][C][D]   77. [A][B][C][D]   82. [A][B][C][D]
68. [A][B][C][D]   73. [A][B][C][D]   78. [A][B][C][D]   83. [A][B][C][D]
69. [A][B][C][D]   74. [A][B][C][D]   79. [A][B][C][D]   84. [A][B][C][D]
70. [A][B][C][D]   75. [A][B][C][D]   80. [A][B][C][D]   85. [A][B][C][D]

三、书写

86.
87.
88.
89.
90.
91.
92.
93.
94.
95.
96.
97.
98.
99.
100.

新汉语水平考试
HSK（四级）答题卡

姓名 _____

国籍 [0][1][2][3][4][5][6][7][8][9]
　　 [0][1][2][3][4][5][6][7][8][9]
　　 [0][1][2][3][4][5][6][7][8][9]

序号 [0][1][2][3][4][5][6][7][8][9]
　　 [0][1][2][3][4][5][6][7][8][9]
　　 [0][1][2][3][4][5][6][7][8][9]
　　 [0][1][2][3][4][5][6][7][8][9]

性别　　男 [1]　　女 [2]

考点 [0][1][2][3][4][5][6][7][8][9]
　　 [0][1][2][3][4][5][6][7][8][9]
　　 [0][1][2][3][4][5][6][7][8][9]

年龄 [0][1][2][3][4][5][6][7][8][9]
　　 [0][1][2][3][4][5][6][7][8][9]

你是华裔吗？
　　是 [1]　　不是 [2]

学习汉语的时间：
1 年以下[1]　　1 年—2 年[2]　　2 年—3 年[3]　　3 年以上[4]

注意　请用2B铅笔这样写：■

一、听力

1. [✓] [✗]　　6. [✓] [✗]　　11. [A] [B] [C] [D]　　16. [A] [B] [C] [D]　　21. [A] [B] [C] [D]
2. [✓] [✗]　　7. [✓] [✗]　　12. [A] [B] [C] [D]　　17. [A] [B] [C] [D]　　22. [A] [B] [C] [D]
3. [✓] [✗]　　8. [✓] [✗]　　13. [A] [B] [C] [D]　　18. [A] [B] [C] [D]　　23. [A] [B] [C] [D]
4. [✓] [✗]　　9. [✓] [✗]　　14. [A] [B] [C] [D]　　19. [A] [B] [C] [D]　　24. [A] [B] [C] [D]
5. [✓] [✗]　　10. [✓] [✗]　15. [A] [B] [C] [D]　　20. [A] [B] [C] [D]　　25. [A] [B] [C] [D]

26. [A] [B] [C] [D]　　31. [A] [B] [C] [D]　　36. [A] [B] [C] [D]　　41. [A] [B] [C] [D]
27. [A] [B] [C] [D]　　32. [A] [B] [C] [D]　　37. [A] [B] [C] [D]　　42. [A] [B] [C] [D]
28. [A] [B] [C] [D]　　33. [A] [B] [C] [D]　　38. [A] [B] [C] [D]　　43. [A] [B] [C] [D]
29. [A] [B] [C] [D]　　34. [A] [B] [C] [D]　　39. [A] [B] [C] [D]　　44. [A] [B] [C] [D]
30. [A] [B] [C] [D]　　35. [A] [B] [C] [D]　　40. [A] [B] [C] [D]　　45. [A] [B] [C] [D]

二、阅读

46. [A] [B] [C] [D] [E] [F]　　51. [A] [B] [C] [D] [E] [F]
47. [A] [B] [C] [D] [E] [F]　　52. [A] [B] [C] [D] [E] [F]
48. [A] [B] [C] [D] [E] [F]　　53. [A] [B] [C] [D] [E] [F]
49. [A] [B] [C] [D] [E] [F]　　54. [A] [B] [C] [D] [E] [F]
50. [A] [B] [C] [D] [E] [F]　　55. [A] [B] [C] [D] [E] [F]

56. ___ ___ ___　　58. ___ ___ ___　　60. ___ ___ ___　　62. ___ ___ ___　　64. ___ ___ ___

57. ___ ___ ___　　59. ___ ___ ___　　61. ___ ___ ___　　63. ___ ___ ___　　65. ___ ___ ___

66. [A] [B] [C] [D]　　71. [A] [B] [C] [D]　　76. [A] [B] [C] [D]　　81. [A] [B] [C] [D]
67. [A] [B] [C] [D]　　72. [A] [B] [C] [D]　　77. [A] [B] [C] [D]　　82. [A] [B] [C] [D]
68. [A] [B] [C] [D]　　73. [A] [B] [C] [D]　　78. [A] [B] [C] [D]　　83. [A] [B] [C] [D]
69. [A] [B] [C] [D]　　74. [A] [B] [C] [D]　　79. [A] [B] [C] [D]　　84. [A] [B] [C] [D]
70. [A] [B] [C] [D]　　75. [A] [B] [C] [D]　　80. [A] [B] [C] [D]　　85. [A] [B] [C] [D]

三、书写

86. ___
87. ___
88. ___
89. ___
90. ___
91. ___
92. ___
93. ___
94. ___
95. ___
96. ___
97. ___
98. ___
99. ___
100. ___

新 汉 语 水 平 考 试
HSK（四级）答题卡

姓名		国籍	[0] [1] [2] [3] [4] [5] [6] [7] [8] [9] [0] [1] [2] [3] [4] [5] [6] [7] [8] [9] [0] [1] [2] [3] [4] [5] [6] [7] [8] [9]
序号	[0] [1] [2] [3] [4] [5] [6] [7] [8] [9] [0] [1] [2] [3] [4] [5] [6] [7] [8] [9] [0] [1] [2] [3] [4] [5] [6] [7] [8] [9] [0] [1] [2] [3] [4] [5] [6] [7] [8] [9]	性别	男 [1]　　女 [2]
		考点	[0] [1] [2] [3] [4] [5] [6] [7] [8] [9] [0] [1] [2] [3] [4] [5] [6] [7] [8] [9] [0] [1] [2] [3] [4] [5] [6] [7] [8] [9]
年龄	[0] [1] [2] [3] [4] [5] [6] [7] [8] [9] [0] [1] [2] [3] [4] [5] [6] [7] [8] [9]	你是华裔吗？ 是 [1]　　不是 [2]	

学习汉语的时间：
1 年以下 [1]　　1 年—2 年 [2]　　2 年—3 年 [3]　　3 年以上 [4]

注意　　请用2B铅笔这样写：■

一、听力

1. [✓] [✗]　　6. [✓] [✗]　　11. [A] [B] [C] [D]　　16. [A] [B] [C] [D]　　21. [A] [B] [C] [D]
2. [✓] [✗]　　7. [✓] [✗]　　12. [A] [B] [C] [D]　　17. [A] [B] [C] [D]　　22. [A] [B] [C] [D]
3. [✓] [✗]　　8. [✓] [✗]　　13. [A] [B] [C] [D]　　18. [A] [B] [C] [D]　　23. [A] [B] [C] [D]
4. [✓] [✗]　　9. [✓] [✗]　　14. [A] [B] [C] [D]　　19. [A] [B] [C] [D]　　24. [A] [B] [C] [D]
5. [✓] [✗]　　10. [✓] [✗]　　15. [A] [B] [C] [D]　　20. [A] [B] [C] [D]　　25. [A] [B] [C] [D]

26. [A] [B] [C] [D]　　31. [A] [B] [C] [D]　　36. [A] [B] [C] [D]　　41. [A] [B] [C] [D]
27. [A] [B] [C] [D]　　32. [A] [B] [C] [D]　　37. [A] [B] [C] [D]　　42. [A] [B] [C] [D]
28. [A] [B] [C] [D]　　33. [A] [B] [C] [D]　　38. [A] [B] [C] [D]　　43. [A] [B] [C] [D]
29. [A] [B] [C] [D]　　34. [A] [B] [C] [D]　　39. [A] [B] [C] [D]　　44. [A] [B] [C] [D]
30. [A] [B] [C] [D]　　35. [A] [B] [C] [D]　　40. [A] [B] [C] [D]　　45. [A] [B] [C] [D]

二、阅读

46. [A] [B] [C] [D] [E] [F]　　51. [A] [B] [C] [D] [E] [F]
47. [A] [B] [C] [D] [E] [F]　　52. [A] [B] [C] [D] [E] [F]
48. [A] [B] [C] [D] [E] [F]　　53. [A] [B] [C] [D] [E] [F]
49. [A] [B] [C] [D] [E] [F]　　54. [A] [B] [C] [D] [E] [F]
50. [A] [B] [C] [D] [E] [F]　　55. [A] [B] [C] [D] [E] [F]

56. _____　　58. _____　　60. _____　　62. _____　　64. _____

57. _____　　59. _____　　61. _____　　63. _____　　65. _____

66. [A] [B] [C] [D]　　71. [A] [B] [C] [D]　　76. [A] [B] [C] [D]　　81. [A] [B] [C] [D]
67. [A] [B] [C] [D]　　72. [A] [B] [C] [D]　　77. [A] [B] [C] [D]　　82. [A] [B] [C] [D]
68. [A] [B] [C] [D]　　73. [A] [B] [C] [D]　　78. [A] [B] [C] [D]　　83. [A] [B] [C] [D]
69. [A] [B] [C] [D]　　74. [A] [B] [C] [D]　　79. [A] [B] [C] [D]　　84. [A] [B] [C] [D]
70. [A] [B] [C] [D]　　75. [A] [B] [C] [D]　　80. [A] [B] [C] [D]　　85. [A] [B] [C] [D]

三、书写

86. _____
87. _____
88. _____
89. _____
90. _____
91. _____
92. _____
93. _____
94. _____
95. _____
96. _____
97. _____
98. _____
99. _____
100. _____

新 汉 语 水 平 考 试
HSK（四级）答题卡

姓名 _____

国籍　[0][1][2][3][4][5][6][7][8][9]
　　　[0][1][2][3][4][5][6][7][8][9]
　　　[0][1][2][3][4][5][6][7][8][9]

序号　[0][1][2][3][4][5][6][7][8][9]
　　　[0][1][2][3][4][5][6][7][8][9]
　　　[0][1][2][3][4][5][6][7][8][9]
　　　[0][1][2][3][4][5][6][7][8][9]

性别　男 [1]　　女 [2]

考点　[0][1][2][3][4][5][6][7][8][9]
　　　[0][1][2][3][4][5][6][7][8][9]
　　　[0][1][2][3][4][5][6][7][8][9]

年龄　[0][1][2][3][4][5][6][7][8][9]
　　　[0][1][2][3][4][5][6][7][8][9]

你是华裔吗？
是 [1]　　不是 [2]

学习汉语的时间：
1年以下[1]　1年—2年[2]　2年—3年[3]　3年以上[4]

注意　请用2B铅笔这样写：■

一、听力

1. [✓] [✗]　　6. [✓] [✗]　　11. [A] [B] [C] [D]　　16. [A] [B] [C] [D]　　21. [A] [B] [C] [D]
2. [✓] [✗]　　7. [✓] [✗]　　12. [A] [B] [C] [D]　　17. [A] [B] [C] [D]　　22. [A] [B] [C] [D]
3. [✓] [✗]　　8. [✓] [✗]　　13. [A] [B] [C] [D]　　18. [A] [B] [C] [D]　　23. [A] [B] [C] [D]
4. [✓] [✗]　　9. [✓] [✗]　　14. [A] [B] [C] [D]　　19. [A] [B] [C] [D]　　24. [A] [B] [C] [D]
5. [✓] [✗]　　10. [✓] [✗]　　15. [A] [B] [C] [D]　　20. [A] [B] [C] [D]　　25. [A] [B] [C] [D]

26. [A] [B] [C] [D]　　31. [A] [B] [C] [D]　　36. [A] [B] [C] [D]　　41. [A] [B] [C] [D]
27. [A] [B] [C] [D]　　32. [A] [B] [C] [D]　　37. [A] [B] [C] [D]　　42. [A] [B] [C] [D]
28. [A] [B] [C] [D]　　33. [A] [B] [C] [D]　　38. [A] [B] [C] [D]　　43. [A] [B] [C] [D]
29. [A] [B] [C] [D]　　34. [A] [B] [C] [D]　　39. [A] [B] [C] [D]　　44. [A] [B] [C] [D]
30. [A] [B] [C] [D]　　35. [A] [B] [C] [D]　　40. [A] [B] [C] [D]　　45. [A] [B] [C] [D]

二、阅读

46. [A] [B] [C] [D] [E] [F]　　51. [A] [B] [C] [D] [E] [F]
47. [A] [B] [C] [D] [E] [F]　　52. [A] [B] [C] [D] [E] [F]
48. [A] [B] [C] [D] [E] [F]　　53. [A] [B] [C] [D] [E] [F]
49. [A] [B] [C] [D] [E] [F]　　54. [A] [B] [C] [D] [E] [F]
50. [A] [B] [C] [D] [E] [F]　　55. [A] [B] [C] [D] [E] [F]

56. _____　58. _____　60. _____　62. _____　64. _____

57. _____　59. _____　61. _____　63. _____　65. _____

66. [A] [B] [C] [D]　　71. [A] [B] [C] [D]　　76. [A] [B] [C] [D]　　81. [A] [B] [C] [D]
67. [A] [B] [C] [D]　　72. [A] [B] [C] [D]　　77. [A] [B] [C] [D]　　82. [A] [B] [C] [D]
68. [A] [B] [C] [D]　　73. [A] [B] [C] [D]　　78. [A] [B] [C] [D]　　83. [A] [B] [C] [D]
69. [A] [B] [C] [D]　　74. [A] [B] [C] [D]　　79. [A] [B] [C] [D]　　84. [A] [B] [C] [D]
70. [A] [B] [C] [D]　　75. [A] [B] [C] [D]　　80. [A] [B] [C] [D]　　85. [A] [B] [C] [D]

三、书写

86.
87.
88.
89.
90.
91.
92.
93.
94.
95.
96.
97.
98.
99.
100.

新汉语水平考试
HSK（四级）答题卡

姓名		国籍	[0] [1] [2] [3] [4] [5] [6] [7] [8] [9] [0] [1] [2] [3] [4] [5] [6] [7] [8] [9] [0] [1] [2] [3] [4] [5] [6] [7] [8] [9]

序号	[0] [1] [2] [3] [4] [5] [6] [7] [8] [9] [0] [1] [2] [3] [4] [5] [6] [7] [8] [9] [0] [1] [2] [3] [4] [5] [6] [7] [8] [9] [0] [1] [2] [3] [4] [5] [6] [7] [8] [9]

性别	男 [1]　　女 [2]
考点	[0] [1] [2] [3] [4] [5] [6] [7] [8] [9] [0] [1] [2] [3] [4] [5] [6] [7] [8] [9] [0] [1] [2] [3] [4] [5] [6] [7] [8] [9]

年龄	[0] [1] [2] [3] [4] [5] [6] [7] [8] [9] [0] [1] [2] [3] [4] [5] [6] [7] [8] [9]

你是华裔吗?
是 [1]　　不是 [2]

学习汉语的时间：

1 年以下[1]　　1 年—2 年[2]　　2 年—3 年[3]　　3 年以上[4]

注意　　请用2B铅笔这样写：■

一、听力

1. [✓] [✗]　　　6. [✓] [✗]　　　11. [A] [B] [C] [D]　　16. [A] [B] [C] [D]　　21. [A] [B] [C] [D]
2. [✓] [✗]　　　7. [✓] [✗]　　　12. [A] [B] [C] [D]　　17. [A] [B] [C] [D]　　22. [A] [B] [C] [D]
3. [✓] [✗]　　　8. [✓] [✗]　　　13. [A] [B] [C] [D]　　18. [A] [B] [C] [D]　　23. [A] [B] [C] [D]
4. [✓] [✗]　　　9. [✓] [✗]　　　14. [A] [B] [C] [D]　　19. [A] [B] [C] [D]　　24. [A] [B] [C] [D]
5. [✓] [✗]　　　10. [✓] [✗]　　15. [A] [B] [C] [D]　　20. [A] [B] [C] [D]　　25. [A] [B] [C] [D]

26. [A] [B] [C] [D]　　31. [A] [B] [C] [D]　　36. [A] [B] [C] [D]　　41. [A] [B] [C] [D]
27. [A] [B] [C] [D]　　32. [A] [B] [C] [D]　　37. [A] [B] [C] [D]　　42. [A] [B] [C] [D]
28. [A] [B] [C] [D]　　33. [A] [B] [C] [D]　　38. [A] [B] [C] [D]　　43. [A] [B] [C] [D]
29. [A] [B] [C] [D]　　34. [A] [B] [C] [D]　　39. [A] [B] [C] [D]　　44. [A] [B] [C] [D]
30. [A] [B] [C] [D]　　35. [A] [B] [C] [D]　　40. [A] [B] [C] [D]　　45. [A] [B] [C] [D]

二、阅读

46. [A] [B] [C] [D] [E] [F]　　51. [A] [B] [C] [D] [E] [F]
47. [A] [B] [C] [D] [E] [F]　　52. [A] [B] [C] [D] [E] [F]
48. [A] [B] [C] [D] [E] [F]　　53. [A] [B] [C] [D] [E] [F]
49. [A] [B] [C] [D] [E] [F]　　54. [A] [B] [C] [D] [E] [F]
50. [A] [B] [C] [D] [E] [F]　　55. [A] [B] [C] [D] [E] [F]

56. _____　58. _____　60. _____　62. _____　64. _____

57. _____　59. _____　61. _____　63. _____　65. _____

66. [A] [B] [C] [D]　　71. [A] [B] [C] [D]　　76. [A] [B] [C] [D]　　81. [A] [B] [C] [D]
67. [A] [B] [C] [D]　　72. [A] [B] [C] [D]　　77. [A] [B] [C] [D]　　82. [A] [B] [C] [D]
68. [A] [B] [C] [D]　　73. [A] [B] [C] [D]　　78. [A] [B] [C] [D]　　83. [A] [B] [C] [D]
69. [A] [B] [C] [D]　　74. [A] [B] [C] [D]　　79. [A] [B] [C] [D]　　84. [A] [B] [C] [D]
70. [A] [B] [C] [D]　　75. [A] [B] [C] [D]　　80. [A] [B] [C] [D]　　85. [A] [B] [C] [D]

三、书写

86.
87.
88.
89.
90.
91.
92.
93.
94.
95.
96.
97.
98.
99.
100.

新汉语水平考试
HSK（四级）
全真模拟试题
（第7套）

注 意

一、HSK（四级）分三部分：

1. 听力（45题，约30分钟）

2. 阅读（40题，40分钟）

3. 书写（15题，25分钟）

二、听力结束后，有5分钟填写答题卡。

三、全部考试约105分钟（含考生填写个人信息时间5分钟）。

中国 北京　　　　　　××××/××××××　编制

一、听 力

第 一 部 分

第1—10题：判断对错。

例如：我想去办个信用卡，今天下午你有时间吗？陪我去一趟银行？

★ 他打算下午去银行。 (✓)

现在我很少看电视，其中一个原因是，广告太多了，不管什么时间，也不管什么节目，只要你打开电视，总能看到那么多的广告，浪费我的时间。

★ 他喜欢看电视广告。 (×)

1. ★ 现在写信的人很少。 （　　）
2. ★ 在中国，自行车是常用的交通工具。 （　　）
3. ★ 他在祝贺小张。 （　　）
4. ★ 这次考试他考得非常好。 （　　）
5. ★ 好的学习习惯对学习有帮助。 （　　）
6. ★ 他不喜欢吃早饭。 （　　）
7. ★ 儿子第一次坐飞机很紧张。 （　　）
8. ★ 他能完全听懂京剧。 （　　）
9. ★ 他们在加油站。 （　　）
10. ★ 这次比赛他们班赢了。 （　　）

第 二 部 分

第 11—25 题：请选出正确答案。

例如：女：该加油了，去机场的路上有加油站吗？

男：有，你放心吧。

问：男的主要是什么意思？

  A 去机场　　　　B 快到了　　　　C 油是满的　　　　D 有加油站 ✓

11. A 星期一　　　　B 星期二　　　　C 星期三　　　　D 星期五

12. A 没学电脑专业　B 大学还没毕业　C 学过的都忘了　D 老师教得不好

13. A 工作很忙　　　B 得了重病　　　C 吃得不好　　　D 正在减肥

14. A 超市　　　　　B 银行　　　　　C 市场　　　　　D 洗衣店

15. A 不想原谅他　　B 还是很生气　　C 让他来道歉　　D 不会发脾气

16. A 结婚　　　　　B 加班　　　　　C 买礼物　　　　D 看电影

17. A 理想　　　　　B 食品　　　　　C 专业　　　　　D 运动

18. A 夏雨确实错了　B 女的应该道歉　C 机会很难得到　D 要听夏雨解释

19. A 不要乱想　　　B 赚钱很难　　　C 应该工作　　　D 活着很累

20. A 请女的看演出　B 陪女的去逛街　C 带女的见同事　D 让女的帮个忙

21. A 更干净　　　B 更环保　　　C 更省钱　　　D 更方便

22. A 很精彩　　　B 还可以　　　C 不太好　　　D 非常差

23. A 旅游　　　　B 出差　　　　C 照顾孩子　　D 申请签证

24. A 考试成绩不好　B 听着音乐学习　C 马上要考试了　D 现在很想睡觉

25. A 医生　　　　B 老师　　　　C 服务员　　　D 售货员

第 三 部 分

第26—45题：请选出正确答案。

例如：男：把这个材料复印5份，一会儿拿到会议室发给大家。

女：好的。会议是下午三点吗？

男：改了。三点半，推迟了半个小时。

女：好，602会议室没变吧？

男：对，没变。

问：会议几点开始？

    A 两点   **B** 3点   **C** 15：30 ✓   **D** 18：00

26. **A** 堵车了   **B** 迟到了   **C** 撞车了   **D** 吵架了

27. **A** 社会问题   **B** 生活习惯   **C** 孩子的教育   **D** 手机的坏处

28. **A** 买新房子   **B** 买旧家具   **C** 租一年房子   **D** 借一些家具

29. **A** 皮肤很好   **B** 爱洗衣服   **C** 是北方人   **D** 讨厌女的

30. **A** 非常有经验   **B** 特别有能力   **C** 经理喜欢他   **D** 工作很积极

31. **A** 男的工作很忙   **B** 男的身体不好   **C** 女的在读博士   **D** 女的非常轻松

32. **A** 茶馆   **B** 饭店   **C** 超市   **D** 车站

33. A 她感觉有压力　　B 男的不该多问　　C 小张缺点太多　　D 应该买个镜子

34. A 分数不太重要　　B 女儿考得不好　　C 要让孩子努力　　D 这次考试太难

35. A 去超市　　　　　B 喝牛奶　　　　　C 买水果　　　　　D 试衣服

36. A 朋友的孩子　　　B 穷人的孩子　　　C 自己的孩子　　　D 聪明的孩子

37. A 老张同意了　　　B 他儿子最可爱　　C 儿子想要礼物　　D 这个礼物漂亮

38. A 长得漂亮的　　　B 身体健康的　　　C 长得较像的　　　D 有共同爱好的

39. A 吃相同的饭菜　　B 做一样的运动　　C 总是一起上班　　D 常一起做家务

40. A 很失望　　　　　B 很后悔　　　　　C 很羡慕　　　　　D 很激动

41. A 能力最强　　　　B 成了经理　　　　C 信任大家　　　　D 收入很高

42. A 医生　　　　　　B 司机　　　　　　C 警察　　　　　　D 老师

43. A 经常堵车　　　　B 交通很好　　　　C 还没修好　　　　D 车更多了

44. A 花钱少　　　　　B 很方便　　　　　C 很热闹　　　　　D 效果好

45. A 电影质量差　　　B 电影票太贵　　　C 工作非常忙　　　D 电影院太远

二、阅 读

第一部分

第46—50题：选词填空。

      A 条件   **B** 引起   **C** 做生意   **D** 坚持   **E** 敲   **F** 性格

例如：她每天都（ **D** ）走路上下班，所以身体一直很不错。

46. 根据研究，不同（　　）的人喜欢的颜色也是不一样的。

47. 进别人的房间之前一定要（　　）门，即使是自己的孩子。

48. 随着经济的发展，人们的住房（　　）也越来越好了。

49. 他这种做法（　　）了大家的不满。

50. 他这几年（　　）赚了很多钱，这些钱他都用来帮助那些穷人了。

第51—55题：选词填空。

    A 重视　　B 基础　　C 温度　　D 粗心　　E 流行　　F 商量

例如：A：今天真冷啊，好像白天最高（ C ）才2℃。
　　　B：刚才电视里说明天更冷。

51. A：我再努力也没用，每次考试都通不过。
　　 B：我觉得你的（　　）太差了，可以找个中国朋友帮你提高一下。

52. A：身体是自己的，年龄越大就越要（　　）自己的健康。
　　 B：你说得对，从明天开始我要多运动运动。

53. A：你怎么买了这种颜色的衣服啊？
　　 B：难道你不觉得漂亮吗？今年很（　　）这种颜色。

54. A：出国的事你考虑得怎么样了？
　　 B：这件事要跟我丈夫（　　）一下，他最近出差还没有回来。

55. A：我觉得这个数字好像不太对啊。
　　 B：我看看，可能是我太（　　），算错了。

第 二 部 分

第 56—65 题：排列顺序。

例如： A 可是今天起晚了
       B 平时我骑自行车上下班
       C 所以就打车来公司   **B A C**

56. A 他从六岁开始就学习弹钢琴
      B 现在的水平已经非常高了
      C 十多年来一直坚持每天练习

57. A 是因为信用卡不但使用方便
      B 而且还可以累计积分换礼物
      C 他喜欢用信用卡购物

58. A 所以共同的兴趣爱好很重要
      B 如果两个人结婚了
      C 就会长时间生活在一起

59. A 还有大概三分之一没有弄好
      B 我已经翻译了差不多一年了
      C 这本经济方面的书特别难翻译

60. A 很多人都对公司的做法不满意
    B 一些公司常常会让职员无偿加班
    C 但是他们很难在公司表达这种不满

61. A 我不了解前前后后的情况
    B 所以不能说这件事情谁对谁错
    C 只是觉得你们应该互相理解

62. A 这让我觉得非常吃惊
    B 虽然已经在中国工作、生活了十年
    C 但他的汉语水平还很差

63. A 首先要弄清楚发生问题的原因
    B 这样才能找到正确的解决办法
    C 无论遇到多么严重的问题

64. A 因为从我家到公司交通很不方便
    B 所以我差不多每天上班都是坐出租车
    C 每个月的收入竟然有一半都用在了打车上

65. A 年龄在35岁以下的大学毕业生都可以
    B 这个工作对性别和专业没有什么要求
    C 我们公司正在招聘市场管理员

第 三 部 分

第 66—85 题：请选出正确答案。

例如：她很活泼，说话很有趣，总能给我们带来快乐，我们都很喜欢和她在一起。

★ 她是个什么样的人？

A 幽默 ✓　　　B 马虎　　　C 骄傲　　　D 害羞

66. 我最近搬了新家，那儿环境很好，但交通不太方便。不过，明年就要通地铁了，有了地铁，来学校半个小时就够了。

★ "我"的新家现在：

A 交通方便　　B 环境很差　　C 没有地铁　　D 离学校近

67. 李老师前年得了一场很严重的病，所以不工作了。现在虽然已经好了，但是一下子老了很多，我昨天见到他差点儿没认出来。

★ 李老师现在：

A 经常去锻炼　　B 看起来很老　　C 还在当老师　　D 病得很严重

68. 我现在每顿饭吃得都不太多，尤其是晚饭，不是因为害怕发胖，而是因为少吃点儿对健康有好处。

★ "我"少吃饭是因为：

A 对健康好　　B 想要减肥　　C 工作很忙　　D 不太想吃

69. 张文，我这个人脾气有点儿急，有时候对你态度不好，可是你对我一直那么耐心，我真觉得不好意思。

★ 说话人在：

A 招聘　　　B 道歉　　　C 祝贺　　　D 开玩笑

70. 虽然失败了很多次，但是他一直坚持自己的理想。现在他终于成功了，我们做朋友的真为他高兴。

    ★ 他现在：

    A 没有理想　　　　B 非常高兴　　　　C 已经成功　　　　D 又失败了

71. 这个房子在首都体育馆附近，地方挺好，有301路、78路公共汽车，交通也方便，可是一个月要四千块钱，我要再考虑考虑。

    ★ "我"想要：

    A 租房子　　　　　B 去银行　　　　　C 找车站　　　　　D 去体育馆

72. 尊重一个人不仅要尊重他的意见和想法，更重要的是尊重他的习惯，尽管有些习惯对你来说可能是不太正确的行为。

    ★ 根据这段话，尊重别人的什么更重要？

    A 意见　　　　　　B 习惯　　　　　　C 想法　　　　　　D 爱好

73. 法律禁止酒后开车，这一点大家都知道。其实，边开车边打电话也极其危险，可是很多人并没有认识到这一点。

    ★ 边开车边打电话：

    A 非常危险　　　　B 没有关系　　　　C 影响速度　　　　D 受到限制

74. 他是个非常喜欢开玩笑的人，在办公室很受欢迎，但偶尔玩笑开得有点儿大，也会让人受不了。

    ★ 根据这段话，可以知道他：

    A 工作很轻松　　　B 很让人讨厌　　　C 性格非常好　　　D 受大家欢迎

75. 我脾气比较急，所以想找一个成熟一点儿、有耐心的，最好跟我兴趣爱好差不多的，做什么职业没关系。

    ★ 这段话主要谈：

    A 工作要求　　　　B 兴趣爱好　　　　C 喜欢的人　　　　D 性格特点

76. 自从有了电脑，我几乎所有的工作都在电脑上完成。有时候电脑出了问题，我就不知道该怎么工作了。

    ★ 根据这段话，可以知道"我"：

    A 刚买了电脑　　　B 用电脑工作　　　C 电脑水平高　　　D 想学修电脑

77. 一些国家为了发展经济而使环境受到了很大的破坏，这是很不值得的，因为将来可能花再多的钱也买不到青山绿水的好环境。

★ 发展经济：

A 应该慢慢来　　B 需要很多钱　　C 不能破坏环境　　D 可以改变生活

78. 儿子大学毕业后放弃了去大公司工作的机会，选择到农村当老师，我觉得这对当地的学生会有帮助，对他自己也是一种很好的锻炼。

★ "我"对儿子的态度是：

A 支持　　　　　B 反对　　　　　C 随便　　　　　D 得意

79. 鼓掌表示欢迎或者感谢，多给别人一点儿掌声也是对别人的一种鼓励，特别是在失败的时候，掌声可以让他们继续努力下去。

★ 根据这段话，掌声更应该给：

A 成功的人　　　B 快乐的人　　　C 失败的人　　　D 难过的人

80—81.

小猪家的盐用完了，猪妈妈让小猪去买一袋盐。小猪到商店买了盐以后往回走，不小心把盐掉到了地上，袋子破了，里面的盐也变脏了。小猪难过得哭了，小狗看见了，说："你真笨！东西脏了，用水洗一洗不就干净了吗？"小猪回家以后就把盐袋放进了水里，过了一会儿再去看，啊，盐怎么没有了？

★ 小猪为什么哭？

A 没买到盐　　　B 盐不好吃　　　C 盐弄丢了　　　D 盐弄脏了

★ 小狗出了什么主意？

A 再买点儿盐　　B 把盐洗一洗　　C 别告诉妈妈　　D 把盐都扔掉

82—83.

中国北方有一句话叫"好吃不过饺子",意思是:饺子是最好吃的东西。过去,只有过春节或者家里来客人了才能吃上一顿饺子。随着生活水平的提高,吃饺子已变成很平常的事情了。但是过春节的时候是一定要吃饺子的,家里来了客人,自己包饺子也表示对客人的欢迎。

★ 过去什么时候吃饺子?
A 春节　　　　B 冬天　　　　C 放假时　　　　D 高兴时

★ 家里来客人包饺子,是为了:
A 吃得更饱　　B 方便客人　　C 表示欢迎　　D 节省时间

84—85.

巧克力是很多人都喜欢吃的食品。但你知道吗?最早出现的巧克力味道又苦又辣,是西班牙人让它变甜的。吃太多的巧克力会让你发胖,但是稍微吃一点儿巧克力是很有好处的,它可以提高注意力,也有让人兴奋的作用。心情不好的时候,吃一点儿巧克力可以让你高兴起来。

★ 最早的巧克力的味道是:
A 又酸又甜　　B 又苦又辣　　C 又酸又苦　　D 又甜又辣

★ 稍微吃点儿巧克力会:
A 心情不好　　B 让人变胖　　C 让身体健康　　D 提高注意力

三、书写

第一部分

第86—95题：完成句子。

例如：那座桥　　800年的　　历史　　有　　了

　　　<u>那座桥有800年的历史了。</u>

86. 来不及　　恐怕　　了　　时间

87. 开会　　办公室　　通知　　明天　　我

88. 把桌子　　外面　　到　　去　　推

89. 参加　　想　　邀请　　谁　　你

90. 负责　　这个问题　　由　　小张　　解决

91. 吗　　正确答案　　你　　知道　　了

92. 这　　计划　　更　　详细　　份

93. 对　　张老师　　十分　　孩子　　耐心

94. 怎么　　父母　　都　　不信任　　连

95. 活动　　地　　参加了　　他　　很积极

第 二 部 分

第 96—100 题：看图，用词造句。

例如：  乒乓球　　她很喜欢打乒乓球。

96.  聊天儿　　97.  京剧

98.  脱　　99.  浪漫

100.  饮料

新汉语水平考试
HSK（四级）
全真模拟试题
（第8套）

注　意

一、**HSK**（四级）分三部分：

　　1. 听力（45题，约30分钟）

　　2. 阅读（40题，40分钟）

　　3. 书写（15题，25分钟）

二、**听力结束后，有5分钟填写答题卡。**

三、全部考试约105分钟（含考生填写个人信息时间5分钟）。

中国　北京　　　　　　　　　××××/××××××　编制

一、听 力

第 一 部 分

第 1—10 题：判断对错。

例如：我想去办个信用卡，今天下午你有时间吗？陪我去一趟银行？

  ★ 他打算下午去银行。   (√)

  现在我很少看电视，其中一个原因是，广告太多了，不管什么时间，也不管什么节目，只要你打开电视，总能看到那么多的广告，浪费我的时间。

  ★ 他喜欢看电视广告。   (×)

1. ★ 锻炼是很简单的事。   ( )
2. ★ 他现在已经长大了。   ( )
3. ★ 他想成为一名律师。   ( )
4. ★ 他最希望多赚点儿钱。   ( )
5. ★ 旅游时应该去认识新朋友。   ( )
6. ★ 他是一名记者。   ( )
7. ★ 参加比赛的人很紧张。   ( )
8. ★ 天气干燥时应该多吃点儿水果。   ( )
9. ★ 你应该去外国留学。   ( )
10. ★ 这个表演让人感动。   ( )

第 二 部 分

第 11—25 题：请选出正确答案。

例如：女：该加油了，去机场的路上有加油站吗？

男：有，你放心吧。

问：男的主要是什么意思？

    A 去机场   B 快到了   C 油是满的   D 有加油站 ✓

11. A 今天   B 下周   C 周末   D 月底

12. A 女的很马虎   B 请女的吃饭   C 不觉得麻烦   D 很不好意思

13. A 是医生   B 不舒服   C 身体很好   D 想去医院

14. A 学校   B 超市   C 机场   D 食品店

15. A 演出很精彩   B 要赶快准备   C 小李最合适   D 找别人参加

16. A 参加比赛   B 去看电影   C 参加见面会   D 学习艺术

17. A 女儿的朋友   B 女儿的表演   C 女儿的性格   D 女儿的习惯

18. A 女的很优秀   B 女的很漂亮   C 很羡慕女的   D 想见见老师

19. A 失望   B 热情   C 怀疑   D 信任

20. A 办学校   B 上大学   C 学法语   D 去外国

21. A 她喜欢读书　　B 她认识作者　　C 小说很有名　　D 写得很精彩

22. A 很值得　　　　B 非常累　　　　C 很普通　　　　D 还可以

23. A 参加考试　　　B 换个专业　　　C 放弃竞争　　　D 找人帮忙

24. A 很诚实　　　　B 很粗心　　　　C 很害怕　　　　D 很冷静

25. A 大夫　　　　　B 观众　　　　　C 警察　　　　　D 记者

第 三 部 分

第26—45题：请选出正确答案。

例如：男：把这个材料复印5份，一会儿拿到会议室发给大家。

女：好的。会议是下午三点吗？

男：改了。三点半，推迟了半个小时。

女：好，602会议室没变吧？

男：对，没变。

问：会议几点开始？

　　A 两点　　　　　B 3点　　　　　C 15：30 ✓　　　D 18：00

26. A 看材料　　　B 讨论　　　　C 回家　　　　D 加班

27. A 电视节目　　B 广播节目　　C 音乐会　　　D 钢琴课

28. A 休息　　　　B 打扫　　　　C 看书　　　　D 开窗

29. A 喜欢女的　　B 喜欢种花　　C 有些吃惊　　D 非常感动

30. A 他非常节约　B 他暂时没钱　C 他不常开车　D 他刚买的车

31. A 高明太年轻了　B 女的能力不错　C 男的很有经验　D 他们还没决定

32. A 火车站　　　B 汽车站　　　C 地铁站　　　D 飞机场

33. **A** 很愉快　　　　**B** 不顺利　　　　**C** 忙极了　　　　**D** 迟到了

34. **A** 塑料袋有污染　**B** 应该保护环境　**C** 世界非常美丽　**D** 必须适应社会

35. **A** 请客　　　　　**B** 洗菜　　　　　**C** 洗碗　　　　　**D** 做饭

36. **A** 病了　　　　　**B** 死了　　　　　**C** 出国了　　　　**D** 生气了

37. **A** 买礼物　　　　**B** 送孩子　　　　**C** 打电话　　　　**D** 看妈妈

38. **A** 轻松　　　　　**B** 兴奋　　　　　**C** 麻烦　　　　　**D** 伤心

39. **A** 买很贵的礼物　**B** 很想赶快结婚　**C** 自己应被重视　**D** 跟爱人谈谈

40. **A** 很激动　　　　**B** 很紧张　　　　**C** 很得意　　　　**D** 很难受

41. **A** 课外辅导　　　**B** 安排旅行　　　**C** 送小礼物　　　**D** 送到车站

42. **A** 很活泼　　　　**B** 爱着急　　　　**C** 很听话　　　　**D** 爱聊天儿

43. **A** 批评他　　　　**B** 鼓励他　　　　**C** 关心他　　　　**D** 理解他

44. **A** 那时身体很好　**B** 非常喜欢喝酒　**C** 啤酒比较便宜　**D** 可以表达快乐

45. **A** 浪漫的　　　　**B** 安全的　　　　**C** 安静的　　　　**D** 热闹的

二、阅 读

第 一 部 分

第 46—50 题：选词填空。

　　A 优点　　**B** 包括　　**C** 引起　　**D** 坚持　　**E** 丢　　**F** 情况

例如：她每天都（ **D** ）走路上下班，所以身体一直很不错。

46. 这位年轻艺术家的画儿（　　）了大家的兴趣。

47. 我的手机可能（　　）在办公室了，我去找找。

48. 我认为，每个人身上都有值得我们学习的（　　）。

49. 你们先别着急，我马上打电话去办公室了解一下（　　）。

50. 在邮局寄的话，一般10个工作日可以送到，时间不（　　）周末。

第 51—55 题：选词填空。

A 精神　　B 顺序　　C 温度　　D 新鲜　　E 孤单　　F 提高

例如：A：今天真冷啊，好像白天最高（ C ）才 2℃。
　　　B：刚才电视里说明天更冷。

51. A：学生都已经来了，我们可以开始口试了。
　　B：那就按照学号的（　　）一个一个叫他们进来吧。

52. A：最近这种药的价格（　　）了不少。
　　B：常用药的价格其实不应该定得太高。

53. A：昨天的晚会你感觉怎么样？
　　B：不错啊，有很多（　　）有趣的小游戏，我们玩儿得很高兴。

54. A：刚到外国的时候肯定有很多不习惯的地方吧？
　　B：是啊，我刚到时一个人也不认识，觉得非常（　　）。

55. A：昨天晚上睡得怎么样？
　　B：睡得很香，所以早上起床后（　　）特别好。

第 二 部 分

第 56—65 题：排列顺序。

例如：A 可是今天起晚了
　　　B 平时我骑自行车上下班
　　　C 所以就打车来公司　　　　　　　　　　　　　B A C

56. A 你至少要跟她见个面吧
　　B 不过她来这儿看你
　　C 我知道你的心情不太好　　　　　　　　　　　_____

57. A 网球的速度往往比较快
　　B 会觉得非常疼
　　C 要是不小心打到了身上　　　　　　　　　　　_____

58. A 好的笑话让人高兴
　　B 开玩笑要注意
　　C 而不好的笑话会使人难受　　　　　　　　　　_____

59. A 我对它十分满意
　　B 而且一上午都有阳光
　　C 她租给我的那间屋子又大又舒服　　　　　　　_____

60. A 穿上去也非常暖和
    B 让我觉得手工制造的东西真不错
    C 这种袜子质量很好   _____

61. A 那个误会他已经解释了好几次
    B 他只好请我帮他想想办法
    C 可朋友还是不原谅他   _____

62. A 去外国旅游的人越来越多
    B 随着经济水平的提高
    C 到国外留学的人数也增加了   _____

63. A 不管妹妹怎么努力减肥
    B 好像效果都不是十分理想
    C 于是她决定放弃算了   _____

64. A 没想到有那么多人希望参加
    B 估计我们得重新做个计划了
    C 本来这个活动只举行两周   _____

65. A 你可以找个机会跟他好好谈谈
    B 那他一定有什么重要的原因
    C 既然父亲表示不允许你这么做   _____

第 三 部 分

第 66—85 题：请选出正确答案。

例如：她很活泼，说话很有趣，总能给我们带来快乐，我们都很喜欢和她在一起。
　　★ 她是个什么样的人？
　　A 幽默 ✓　　B 马虎　　C 骄傲　　D 害羞

66. 大学毕业后，她暂时没有找到满意的工作，就先在一家商店当售货员，干了大约两年多。
　　★ 她的第一份工作是：
　　A 老师　　B 记者　　C 售货员　　D 服务员

67. 这种电脑只有笔记本那么大，可以装进包里带走，出差时或者乘坐飞机、火车时使用最方便了。
　　★ 这段话是在谈：
　　A 电脑　　B 本子　　C 飞机　　D 火车

68. 我刚刚去找过他，他在房间里看书呢，说明天有考试，所以我不想打扰他，没有跟他讨论那件事。
　　★ "我"没有跟他谈是因为：
　　A "我"有考试　　B "我"非常忙　　C 他在复习　　D 他不想谈

69. 那个地方离我们这儿太远了，周末去恐怕时间不够，请假也有困难，所以没办法去了，真抱歉啊！
　　★ 说话人在：
　　A 拒绝　　B 商量　　C 约会　　D 批评

70. 他有点儿失望,因为虽然他不怕辛苦,对自己要求也很严格,但在工作上一直没有遇到什么好机会。

★ 根据这段话,可以知道他:

A 对人很严格　　B 不想太辛苦　　C 想换个新工作　　D 没得到好机会

71. 我最近刚买了新房子,手上没剩多少钱,临时有急用的话就得跟朋友借,真麻烦,还是去银行办张信用卡吧。

★ "我"想要:

A 买套新房子　　B 跟朋友借钱　　C 申请信用卡　　D 去银行工作

72. 有人可能觉得男朋友的职业啊、收入啊挺重要的,可是对我来说,关键是他的性格要活泼,要有幽默感。

★ "我"觉得找男朋友什么最重要?

A 职业　　　　　B 收入　　　　　C 样子　　　　　D 性格

73. "环保材料"就是污染比较小,对人的健康影响比较小的材料。现在大多数人都很注意选择和使用环保材料。

★ 使用环保材料:

A 比较麻烦　　　B 非常普遍　　　C 影响健康　　　D 价格便宜

74. 姐姐经历了那么多失败,受到了那么多批评,这次终于成功了。她流着眼泪,一句话也说不出来。

★ 根据这段话,可以知道姐姐:

A 又失败了　　　B 爱批评人　　　C 心情很激动　　D 一直很成功

75. 我们学校这几年没什么发展,主要是因为各种管理规定不是特别科学,不能很好地鼓励老师和学生。

★ 这段话主要谈:

A 学校的历史　　B 科学的发展　　C 教育的方法　　D 学校的管理

76. 不管是熟悉的人还是只见过一两次的人,见面时,带着微笑主动说一句"你好",都会让别人觉得愉快。

★ 这段话建议人们:

A 不要害羞　　　B 注意礼貌　　　C 多交朋友　　　D 心情愉快

77. 老话说："可怜天下父母心。"父母很爱孩子，总是对孩子有很多希望，却忘了去听听孩子的想法。

★ 根据这段话，父母应该：

A 可怜孩子　　B 尊重孩子　　C 保护孩子　　D 信任孩子

78. 我丈夫放弃了去大公司当经理的机会，很多人为他可惜。但是我们俩却觉得，不当经理，生活也许更幸福。

★ 丈夫做出这样的决定，"我"：

A 很得意　　B 很担心　　C 很兴奋　　D 很支持

79. 有人觉得写日记很麻烦，但是如果在不同的年龄写下日记，无论是快乐的还是伤心的事，将来再读的时候都是美好的回忆。

★ 根据这段话，日记可以给人：

A 美好的回忆　　B 浪漫的感觉　　C 丰富的经验　　D 很大的鼓励

80—81.

一天，动物园管理员发现袋鼠跑出来了，他们马上都认为围墙太矮了，于是决定将墙从原来的3米加高到5米。结果第二天他们发现袋鼠又跑出来了，只好再把墙加高到7米。袋鼠觉得这些人太笨了，因为他们一直在加高围墙，却没有人记得关上大门。

★ 发现袋鼠跑出来后，管理员决定：

A 给它搬家　　B 把墙加高　　C 换把钥匙　　D 调查原因

★ 袋鼠跑出来是因为：

A 它个子很高　　B 它能跳很高　　C 大门没有关　　D 它讨厌这儿

82—83．

　　京剧是中国的"国剧"。它1840年前后在北京出现，19世纪80年代逐渐发展成熟。它的表演十分精彩，动作非常优美，受到了中外观众的欢迎。随着时代的发展，京剧也一直在变化。京剧已有近200年的历史，现在仍然很流行，而且越来越多的年轻人也开始对它感兴趣了。

　　★ 京剧表演是什么时候成熟的？
　　A 1840年左右　　B 1900年左右　　C 1880年左右　　D 2000年左右

　　★ 时代变化了，京剧：
　　A 没什么变化　　B 不太流行了　　C 仍然受欢迎　　D 水平提高了

84—85．

　　一般来说，握手往往表示友好，是人和人之间的一种交流方法，可以增加双方的理解和信任。每个人与别人握手的次数也许多得数不清，但是握手的原因可能只有几种：也许是见面时的激动，也许是离开时的难过，也许是成功时表示的祝贺，也许是遇到困难时表示的支持。

　　★ 握手是一种：
　　A 交流　　　　　B 邀请　　　　　C 祝贺　　　　　D 理解

　　★ 在别人遇到困难时，握手可能表示：
　　A 激动　　　　　B 难过　　　　　C 信任　　　　　D 支持

三、书 写

第 一 部 分

第 86—95 题：完成句子。

例如：那座桥   800 年的   历史   有   了

　　　那座桥有800年的历史了。

86. 我   他的词典   朋友   借   给

87. 晚点儿   我   允许   妈妈   回来

88. 吸引   他   注意   观众的   想

89. 多长   收拾   你   时间   要

90. 这个   了   语法   解释   张老师

91. 快到   集合   班   各   操场

92. 你   极其   发音   的   标准

93. 感谢   向她   表示   呢   怎么

94. 烦恼   为   这种事   不   我   从来

95. 很顺利   说   她   进行   这个活动   得

第 二 部 分

第 96—100 题：看图，用词造句。

例如： 乒乓球　　她很喜欢打乒乓球。

96. 尝

97. 服务员

98. 结果

99. 逛

100. 凉快

新汉语水平考试
HSK（四级）
全真模拟试题
（第 9 套）

注　　意

一、**HSK**（四级）分三部分：

　　1. 听力（45 题，约 30 分钟）

　　2. 阅读（40 题，40 分钟）

　　3. 书写（15 题，25 分钟）

二、**听力结束后，有 5 分钟填写答题卡。**

三、全部考试约 105 分钟（含考生填写个人信息时间 5 分钟）。

中国　北京　　　　　　　　　××××/××××××　　编制

一、听 力

第 一 部 分

第 1—10 题：判断对错。

例如：我想去办个信用卡，今天下午你有时间吗？陪我去一趟银行？

★ 他打算下午去银行。 (√)

现在我很少看电视，其中一个原因是，广告太多了，不管什么时间，也不管什么节目，只要你打开电视，总能看到那么多的广告，浪费我的时间。

★ 他喜欢看电视广告。 (×)

1. ★ 骑车时听音乐不安全。 (   )

2. ★ 这种啤酒现在很便宜。 (   )

3. ★ 他是一位老师。 (   )

4. ★ 他愿意帮助朋友。 (   )

5. ★ 不要注意自己的缺点。 (   )

6. ★ 他很想结婚。 (   )

7. ★ 教练让他一定要赢。 (   )

8. ★ 房子里放些植物更漂亮。 (   )

9. ★ 学语言要多听多说。 (   )

10. ★ 家长不要限制孩子的兴趣。 (   )

第 二 部 分

第 11—25 题：请选出正确答案。

例如：女：该加油了，去机场的路上有加油站吗？

男：有，你放心吧。

问：男的主要是什么意思？

  A 去机场 B 快到了 C 油是满的 D 有加油站 ✓

11. A 春天 B 夏天 C 秋天 D 冬天

12. A 他不太关心 B 他不太相信 C 他很有兴趣 D 他已经知道了

13. A 很喜欢出差 B 不相信别人 C 觉得不严重 D 很有责任心

14. A 会议室 B 饭店 C 宾馆 D 机场

15. A 弟弟态度不好 B 她原谅弟弟了 C 她打算道歉 D 她非常生气

16. A 找入口 B 看电影 C 买车票 D 见朋友

17. A 做作业 B 复习 C 预习 D 休息

18. A 需要学生证 B 必须有证明 C 要填申请表 D 已经结束了

19. A 讨厌 B 怀疑 C 羡慕 D 重视

20. A 看表演 B 打电话 C 去买票 D 去上班

21. A 报纸文章　　　B 小说介绍　　　C 健康知识　　　D 电视节目

22. A 拿奖金　　　　B 旅游　　　　　C 购物　　　　　D 还钱

23. A 张伟的性别　　B 张伟的年龄　　C 张伟的性格　　D 张伟的职业

24. A 买菜　　　　　B 种菜　　　　　C 锻炼　　　　　D 减肥

25. A 导游　　　　　B 演员　　　　　C 教师　　　　　D 画家

第 三 部 分

第26—45题：请选出正确答案。

例如：男：把这个材料复印5份，一会儿拿到会议室发给大家。

女：好的。会议是下午三点吗？

男：改了。三点半，推迟了半个小时。

女：好，602会议室没变吧？

男：对，没变。

问：会议几点开始？

A 两点　　　　　　B 3点　　　　　　C 15：30　✓　　D 18：00

26. A 买车　　　　　B 试车　　　　　C 租车　　　　　D 换车

27. A 饮料　　　　　B 运动　　　　　C 天气　　　　　D 爱好

28. A 请女的吃饭　　B 在家里做饭　　C 去超市买菜　　D 跟女的学做饭

29. A 是日语专业的　B 在日本留过学　C 老师是日本人　D 日语说得很好

30. A 抽烟了　　　　B 喝酒了　　　　C 迟到了　　　　D 失败了

31. A 男的要加班　　B 女的很失望　　C 饭都做好了　　D 电话很及时

32. A 食品店　　　　B 家具店　　　　C 加油站　　　　D 科学馆

33. **A** 生病了　　　　　**B** 生气了　　　　　**C** 太累了　　　　　**D** 游泳了

34. **A** 他没帮助她　　　**B** 他收入很高　　　**C** 生命最重要　　　**D** 要注意安全

35. **A** 写日记　　　　　**B** 写小说　　　　　**C** 拍照片　　　　　**D** 画画儿

36. **A** 下雨天散步　　　**B** 对别人微笑　　　**C** 关上身后的门　　**D** 跟朋友聊天儿

37. **A** 提醒自己　　　　**B** 保护自己　　　　**C** 帮助别人　　　　**D** 照顾别人

38. **A** 健康　　　　　　**B** 愿望　　　　　　**C** 感情　　　　　　**D** 烦恼

39. **A** 很难去解释　　　**B** 和现实有关　　　**C** 反映了将来　　　**D** 没什么意思

40. **A** 画家　　　　　　**B** 演员　　　　　　**C** 律师　　　　　　**D** 记者

41. **A** 非常年轻　　　　**B** 喜欢旅游　　　　**C** 住在外国　　　　**D** 得了大奖

42. **A** 亲人　　　　　　**B** 朋友　　　　　　**C** 孩子　　　　　　**D** 自己

43. **A** 告诉邮局　　　　**B** 重新写信　　　　**C** 上网修改　　　　**D** 多付邮费

44. **A** 适应社会　　　　**B** 改变传统　　　　**C** 换个新环境　　　**D** 坚持正确的

45. **A** 为理想而努力　　**B** 做个有用的人　　**C** 获得很大成功　　**D** 做感兴趣的事

二、阅 读

第 一 部 分

第 46—50 题：选词填空。

      A 部分   B 举办   C 对话   D 坚持   E 寄   F 工具

例如：她每天都（ D ）走路上下班，所以身体一直很不错。

46. 这件漂亮的毛衣是好朋友从国外（　　）给我的礼物。

47. 昨天的电视节目中，那两位作家的（　　）非常有趣。

48. 寒假开始了，我们班的（　　）学生已经回国了。

49. 语言是人与人之间最方便的交流（　　），所以应该学好外语。

50. 我们学校计划在12月的时候（　　）一次留学生汉语比赛。

第 51—55 题：选词填空。

A 特点　　B 任务　　C 温度　　D 复杂　　E 诚实　　F 扩大

例如：A：今天真冷啊，好像白天最高（ C ）才2℃。
　　　B：刚才电视里说明天更冷。

51. A：听说这次国际会议由你来当翻译？
　　B：这是老板交给我的第一个（　　）。

52. A：我觉得我们的调查应该（　　）范围。
　　B：但这样做需要更多的工作人员。

53. A：今天的课你都听懂了吗？
　　B：有一个语法比较（　　），我没完全听懂。

54. A：这儿的天气真舒服啊！
　　B：这个城市的气候（　　）就是"四季如春"。

55. A：你能百分之百地相信他吗？
　　B：是的，因为他是我见过的最（　　）的人。

第 二 部 分

第 56—65 题：排列顺序。

例如：A 可是今天起晚了
　　　B 平时我骑自行车上下班
　　　C 所以就打车来公司　　　　　　　　　　　　**B A C**

56. A 所以不要随便批评别人
　　B 你首先要问清楚情况
　　C 然后再去判断对错　　　　　　　　　　　　_____

57. A 这几个城市都很漂亮
　　B 其中上海非常现代化
　　C 给我留下的印象最深　　　　　　　　　　　_____

58. A《红楼梦》非常有名
　　B 到现在也没有准确的答案
　　C 然而后40回究竟是谁写的　　　　　　　　　_____

59. A 我想他的电影一定很精彩
　　B 并且能让很多人觉得感动
　　C 否则不会那么受欢迎　　　　　　　　　　　_____

60. A 有的歌是非常难忘的
    B 连七八十岁的老人都还记得
    C 例如小时候学过的儿歌   _____

61. A 一种适合喜欢拍照的人
    B 这两种手机有一些区别
    C 另一种适合爱发短信的人   _____

62. A 这两点对我来说最关键
    B 其次要懂得照顾别人
    C 我希望女朋友性格活泼   _____

63. A 我第一次来北京
    B 所以周末时我想到处逛逛
    C 这里的一切都让我觉得新鲜   _____

64. A 我每次都不得不等她
    B 现在变得越来越有耐心了
    C 她一打扮起来就忘了时间   _____

65. A 每个人都应该说真话
    B 但不是所有的时候
    C 真话都能起到理想的效果   _____

第 三 部 分

第 66—85 题：请选出正确答案。

例如：她很活泼，说话很有趣，总能给我们带来快乐，我们都很喜欢和她在一起。

★ 她是个什么样的人？

A 幽默 ✓　　　B 马虎　　　C 骄傲　　　D 害羞

66. 我对数字很感兴趣，所以从中学开始就希望自己能当个数学家，没想到现在却成了银行经理。

★ "我"的理想是当：

A 数学家　　　B 售货员　　　C 中学老师　　　D 银行经理

67. 现在无论是在银行取钱还是使用电脑，我们都离不开密码。但是密码可千万不能忘记，也不能随便告诉别人。

★ 这段话是在谈论：

A 银行　　　B 电脑　　　C 朋友　　　D 密码

68. 毕业后大家都在忙工作，过几年又都结了婚，有了孩子，大学同学只能偶尔见一面，吃顿饭，聊聊天儿。

★ 同学们很少见面是因为：

A 工作不同　　　B 城市不同　　　C 大家都很忙　　　D 关系不太好

69. 前几年，先是她母亲生病，接着父亲也病了，她又丢了工作，没了收入。我觉得她太可怜了。

★ "我"对她：

A 很满意　　　B 很怀疑　　　C 很抱歉　　　D 很同情

70. 有人喜欢去大城市旅游，可我正相反，就喜欢去那些没有工厂、没有商店、没有汽车，有很多很多植物的地方。

★ 根据这段话，可以知道"我"：

A 不爱旅游　　　B 热爱自然　　　C 讨厌开车　　　D 了解植物

71. 孩子成绩不好时，有的家长只知道批评孩子。其实，孩子最想得到的只是一句温暖的话："别放弃，加油！"

★ 孩子希望得到：

A 夸奖　　　　　B 鼓励　　　　　C 奖金　　　　　D 友谊

72. 这块表是我爷爷送的，不是什么高级手表，样子也很普通，但是我一直在用，因为它 20 年来没有慢过一分钟。

★ 这块表：

A 很高级　　　　B 很漂亮　　　　C 很准时　　　　D 很有趣

73. 参加招聘会时，很多人给了介绍材料后就回家等消息。其实在招聘者面前主动介绍自己更容易成功。

★ 参加招聘时应该：

A 更诚实　　　　B 更冷静　　　　C 更幽默　　　　D 更积极

74. 中国人往往用"以后再说吧""下次吧"这样的话来表示拒绝，因为如果直接说"不"，会让人觉得没有礼貌。

★ 直接拒绝别人，中国人会觉得：

A 没有礼貌　　　B 非常害羞　　　C 比较方便　　　D 没有关系

75. 儿子出生时，我突然有了一种感觉：我长大了，要照顾父母，关心妻子，好好培养儿子。

★ 这段话主要谈：

A 兴趣　　　　　B 理想　　　　　C 责任　　　　　D 爱情

76. 老人常说"酸儿辣女"，意思是喜欢吃酸东西的妈妈生儿子，喜欢吃辣东西的妈妈生女儿。当然，这其实是不科学的。

★ "酸儿辣女"这句话：

A 非常准确　　　B 没有根据　　　C 只是笑话　　　D 被证明了

77. 又冷又饿的时候，先喝一杯热牛奶，再吃一块巧克力，应该是不错的选择，但是医生告诉我们，这样吃对健康没有好处。

★ 根据这段话，牛奶和巧克力：

A 受大家喜爱　　B 让人很兴奋　　C 一起吃不好　　D 对健康很好

78. 美丽只是人的一种感觉，没有任何标准。虽然有的人不年轻了，有的人不怎么打扮，但还是会让人觉得她是美丽的。

★ 根据这段话，美丽：

A 没有标准　　B 非常重要　　C 能吸引别人　　D 让人有信心

79. 中国有56个民族。云南除了汉族以外，还有25个少数民族，是中国少数民族最多的省，其中15个少数民族只有云南才有。

★ 云南的民族一共有：

A 56个　　　　B 26个　　　　C 25个　　　　D 15个

80—81.

　　一个人去看医生，他对医生说："我觉得自己的病不严重，所以先去了药店，想自己买点儿药回家吃。药店的人也给了我一些建议。""天哪！他们不是专业的医生，一定会给你出笨主意的。"那个人回答："他们对我说：'你最好去看医生。'"

★ 那个人生病之后，自己觉得：

A 不严重　　　B 不正常　　　C 很难受　　　D 很紧张

★ 那个人来医院是因为：

A 药店没药　　B 很不舒服　　C 别人建议他来　　D 医生非常专业

82—83.

人们常说"心宽体胖",意思是如果你感到愉快,那么身体自然就好。每个人都知道,心情与健康有很大的关系,但是周围总有一些事情会影响我们的心情,让我们生气、激动或者难过。因此,我们应该经常安慰自己,鼓励自己"笑一笑,十年少"。

★ 周围有坏事发生时,一般人:
A 会受到影响　　B 心情没变化　　C 可能会生病　　D 会越来越胖

★ 根据这段话,什么与健康有关系?
A 性格　　　　　B 家庭　　　　　C 环境　　　　　D 心情

84—85.

人应该有远大的理想,但是在实际生活中,却要认认真真、仔仔细细地做好每一件小事。连小事都做不好的人,更不用说做大事了,就好像连小钱都赚不到的人,怎么去赚大钱呢?没有人生下来就是成功的,所以,要慢慢来,一点一点地积累,一点一点地进步。

★ 在实际生活中,人们首先应该:
A 努力赚钱　　　B 获得成功　　　C 做好小事　　　D 多交朋友

★ 这段话想告诉我们:
A 学习要认真　　B 做事要实际　　C 别太重视钱　　D 不要怕吃苦

三、书 写

第 一 部 分

第 86—95 题：完成句子。

例如：那座桥　　800 年的　　历史　　有　　了

　　　<u>那座桥有800年的历史了。</u>

86. 看　　我　　陪　　电影　　谁想

87. 应该　　商量　　老师　　一下　　跟

88. 搬家　　夏天　　的　　辛苦　　挺

89. 可以　　出　　都　　每个人　　意见　　说

90. 工作　　总结了　　成绩　　经理　　今年的

91. 通过　　我　　顺利　　考试　　了

92. 多长　　推迟了　　比赛　　那个　　时间

93. 真　　月亮　　中秋节　　圆　　的

94. 原因　　找出　　失败的　　呢　　能　　谁

95. 外语　　缺少　　有经验的　　那儿　　老师

第 二 部 分

第 96—100 题：看图，用词造句。

例如： 乒乓球　　她很喜欢打乒乓球。

96.　　　　　掉

97.　　　　　广告

98.　　　　　年龄

99.　　　　　有趣

100.　　　　　软

新汉语水平考试
HSK（四级）
全真模拟试题
（第10套）

注　　意

一、**HSK**（四级）分三部分：

　　1. 听力（45题，约30分钟）

　　2. 阅读（40题，40分钟）

　　3. 书写（15题，25分钟）

二、听力结束后，有5分钟填写答题卡。

三、全部考试约105分钟（含考生填写个人信息时间5分钟）。

中国　北京　　　　　　　××××/××××××　编制

一、听 力

第 一 部 分

第 1—10 题：判断对错。

例如：我想去办个信用卡，今天下午你有时间吗？陪我去一趟银行？

　　★ 他打算下午去银行。　　　　　　　　　　　　　　　　　（ ✓ ）

　　现在我很少看电视，其中一个原因是，广告太多了，不管什么时间，也不管什么节目，只要你打开电视，总能看到那么多的广告，浪费我的时间。

　　★ 他喜欢看电视广告。　　　　　　　　　　　　　　　　　（ × ）

1. ★ 飞机已经起飞了。　　　　　　　　　　　　　　　　　　（　）
2. ★ 他平时一个人生活。　　　　　　　　　　　　　　　　　（　）
3. ★ 发短信更方便。　　　　　　　　　　　　　　　　　　　（　）
4. ★ 他经常会把材料弄丢。　　　　　　　　　　　　　　　　（　）
5. ★ 小张的专业是教育学。　　　　　　　　　　　　　　　　（　）
6. ★ 他住的地方没有电梯。　　　　　　　　　　　　　　　　（　）
7. ★ 找工作时，表达能力很重要。　　　　　　　　　　　　　（　）
8. ★ 她下个星期有活动。　　　　　　　　　　　　　　　　　（　）
9. ★ 他们在动物园。　　　　　　　　　　　　　　　　　　　（　）
10. ★ 他很想去大城市生活。　　　　　　　　　　　　　　　　（　）

第 二 部 分

第11—25题：请选出正确答案。

例如：女：该加油了，去机场的路上有加油站吗？

男：有，你放心吧。

问：男的主要是什么意思？

A 去机场　　　B 快到了　　　C 油是满的　　　D 有加油站 ✓

11. A 手机被偷了　　B 手机弄坏了　　C 换新号码了　　D 忘了带手机

12. A 去公司　　B 看演出　　C 买手机　　D 逛商店

13. A 天气　　B 健康　　C 季节　　D 友谊

14. A 已经吃完了　　B 不用加菜了　　C 菜不太好吃　　D 女的很浪费

15. A 不喜欢跳舞　　B 忘了报名了　　C 腿被撞伤了　　D 常参加表演

16. A 还没有工作　　B 管理能力差　　C 不喜欢读书　　D 想考研究生

17. A 打扫教室　　B 学习语言　　C 准备礼物　　D 检查工作

18. A 脾气不好　　B 不太成熟　　C 喜欢孩子　　D 声音好听

19. A 太咸了　　B 不好吃　　C 有些淡　　D 不够酸

20. A 男的迟到了　　B 男的会修车　　C 女的来早了　　D 女的爱生气

21. **A** 参加会议　　　**B** 准备茶水　　　**C** 举行活动　　　**D** 复印文章

22. **A** 2：55　　　　**B** 3：00　　　　**C** 3：45　　　　**D** 4：20

23. **A** 医生　　　　**B** 老师　　　　**C** 律师　　　　**D** 导游

24. **A** 感冒了　　　**B** 眼睛累　　　**C** 嗓子疼　　　**D** 不想吃饭

25. **A** 必须一起买　**B** 小牙膏免费　**C** 大牙膏不好　**D** 买两个更便宜

第 三 部 分

第 26—45 题：请选出正确答案。

例如：男：把这个材料复印 5 份，一会儿拿到会议室发给大家。

女：好的。会议是下午三点吗？

男：改了。三点半，推迟了半个小时。

女：好，602 会议室没变吧？

男：对，没变。

问：会议几点开始？

　　A 两点　　　　B 3 点　　　　C 15：30 ✓　　D 18：00

26. A 颜色不好　　B 速度很快　　C 价格很贵　　D 样子漂亮

27. A 女的家　　　B 男的家　　　C 办公室　　　D 会议室

28. A 女的喜欢钱　B 男的收入低　C 他们是夫妻　D 电影没意思

29. A 丢了钱包　　B 忘了密码　　C 买错了东西　D 信用卡被偷

30. A 星期一　　　B 星期三　　　C 星期四　　　D 星期五

31. A 买空调　　　B 多运动　　　C 穿厚衣服　　D 不要出门

32. A 比赛　　　　B 工作　　　　C 请客　　　　D 约会

33. A 书店   B 咖啡店   C 汽车上   D 电梯里

34. A 茶   B 书   C 沙发   D 西瓜

35. A 银行   B 超市   C 地铁站   D 修表店

36. A 吃得很多   B 喜欢睡觉   C 变化很大   D 对人友好

37. A 人多的地方   B 很高的山上   C 河的旁边   D 动物园里

38. A 很紧张   B 很兴奋   C 很无聊   D 很失望

39. A 喜欢苦咖啡   B 对身体很好   C 忘记加糖了   D 让女孩高兴

40. A 画家   B 大学生   C 小学老师   D 学生家长

41. A 有想法   B 画得像   C 态度认真   D 努力练习

42. A 参加会议   B 批评同事   C 安排工作   D 表示感谢

43. A 不喜欢说话   B 跟同事不熟   C 性格很骄傲   D 工作非常忙

44. A 快快长大   B 赶快工作   C 离开父母   D 赚很多钱

45. A 生活很无聊   B 小时候最好   C 赚钱比较难   D 人很难改变

二、阅 读

第 一 部 分

第46—50题：选词填空。

A 检查　　B 打折　　C 桥　　D 坚持　　E 抬　　F 使用

例如：她每天都（ D ）走路上下班，所以身体一直很不错。

46. 这种洗衣机（　　）起来很方便，所以卖得特别好。

47. 那座（　　）已经有一千三百多年的历史了。

48. 为了健康，老年人每年至少要（　　）一次身体。

49. 这个沙发太重了，我们两个人（　　）不动。

50. 这儿的衣服都特别贵，所以最好在（　　）的时候来买。

第51—55题：选词填空。

　　A 暗　　B 反对　　C 温度　　D 请假　　E 响　　F 弹钢琴

例如：A：今天真冷啊，好像白天最高（ C ）才2℃。
　　　B：刚才电视里说明天更冷。

51. A：我平时喜欢打网球，你呢？
　　B：我很喜欢（　　），我八岁就开始学，已经练了十多年了。

52. A：你觉得我穿这件怎么样？
　　B：样子还不错，但就是颜色有点儿（　　），不太适合你。

53. A：小明，电话（　　）了，我在洗衣服，你接一下。
　　B：好。这个时间，肯定是爸爸打来的。

54. A：老张，我明天家里有点儿急事，不能来上班。
　　B：你最好还是去找王经理（　　）。

55. A：你为什么（　　）这个计划？
　　B：我觉得这个计划没有考虑到大多数人的实际情况。

第 二 部 分

第 56—65 题：排列顺序。

例如：A 可是今天起晚了
   B 平时我骑自行车上下班
   C 所以就打车来公司   B A C

56. A 如果明天不下雨的话
  B 海边有几处房子很有特点
  C 我就带你去那儿看看   _____

57. A 他说自己有点儿不舒服
  B 要去医院检查一下身体
  C 因此向我请两三天的假   _____

58. A 这确实是值得肯定的
  B 就已经能画得这么好了
  C 他刚刚才学了两个多月   _____

59. A 因为能力是可以提高的
  B 但是性格却很难改变
  C 找男朋友时性格比能力更重要   _____

60. A 人们平时开车上下班
    B 这说明汽车在生活中越来越重要了
    C 周末开车带着家人出去旅行   _____

61. A 一个人无论做什么事情
    B 即使再苦再累也能做好
    C 只要他对这件事情感兴趣   _____

62. A 因为他的不高兴都写在脸上了
    B 尽管他没有直接拒绝
    C 但我知道他不愿意去   _____

63. A 是为了不引起更多的误会
    B 没想到却使误会越来越深了
    C 我没有告诉她这件事的详细情况   _____

64. A 以前不管买什么都得去商店
    B 现在连电视、冰箱这样的大东西
    C 都可以坐在电脑前轻松购买了   _____

65. A 其实越忙才越应该锻炼
    B 因此很少去锻炼身体
    C 很多人都觉得自己太忙了   _____

第 三 部 分

第66—85题：请选出正确答案。

例如：她很活泼，说话很有趣，总能给我们带来快乐，我们都很喜欢和她在一起。

★ 她是个什么样的人？

A 幽默 ✓　　　B 马虎　　　C 骄傲　　　D 害羞

66. 我们觉得她这个人哪儿都好，就是有一点，性格有点儿急，遇到事情爱发火。

★ 她的缺点是：

A 很懒　　　B 马虎　　　C 脾气差　　　D 比较笨

67. 报纸上说，最近南方天气不太好，热极了，你还是过一段时间再去那儿旅游吧，或者就去北方算了。

★ 说话人建议：

A 多看报纸　　　B 多穿衣服　　　C 要注意天气　　　D 去北方旅游

68. 你们红队的技术没有蓝队好，但是这场比赛你们踢得太精彩了，大家都没想到会是这个结果，祝贺你们！

★ 根据这句话，可以知道：

A 红队踢赢了　　　B 大家很失望　　　C 比赛还没结束　　　D 蓝队技术很差

69. 西安以前叫"长安"，6000年前就有了，是世界历史上第一座城市，也是中国历史上被当作首都时间最长、次数最多的城市。

★ 西安：

A 风景很美　　　B 历史很长　　　C 名字很多　　　D 世界最大

70. 上个星期去黄山,在山上时突然下雨了,我想买把伞,没想到一把伞要四十块钱,比山下贵了两倍。

    ★ 这段话主要是说:

    A 黄山天气差　　B 山上东西贵　　C 雨伞很有用　　D 贵的质量好

71. 坐十几个小时或者更长时间的火车很无聊,大部分人都会带上一本书看,有的人也会听音乐,还有些人会带上一大袋的食品去吃。

    ★ 大部分人喜欢在车上:

    A 看书　　B 聊天儿　　C 听音乐　　D 吃东西

72. 父母以前在农村生活,来到城里跟我一起住以后,最大的问题就是,他们说的地方话别人听不懂,别人讲的普通话他们也听不习惯。

    ★ 父母在城里遇到的最大问题是:

    A 没有朋友　　B 气候不同　　C 吃不习惯　　D 交流困难

73. 皮肤暗的人不应该穿深颜色的衣服,这样会使人看起来比较老。穿浅红、浅黄、浅绿等颜色比较好,这会让人看起来年轻活泼。

    ★ 皮肤暗的人穿深颜色的衣服,看起来会:

    A 很胖　　B 很瘦　　C 比较老　　D 很年轻

74. 每个人都要正确地认识自己的优点和缺点。如果经常用自己的优点跟别人的缺点比较,就会变得很骄傲。

    ★ 这段话告诉我们,应该:

    A 相信自己　　B 了解自己　　C 接受自己　　D 重视自己

75. 学习语言的时候,预习和复习一样重要。自己提前学习一下,可以更好地理解老师讲的词语和语法。

    ★ 这段话主要谈:

    A 复习的方法　　B 词语比较难　　C 语法很重要　　D 预习的好处

76. 您不用紧张,您这病不严重,酒可以喝一点儿,但是烟要少抽。这病就是抽烟过多引起的。另外,还要多运动。

    ★ 这个人生病是因为:

    A 不锻炼　　B 抽烟多　　C 爱喝酒　　D 太紧张

77. 明天考试就结束了，大学四年的生活也快要结束了。这四年老师们教了我很多，不仅是知识，还教了我怎样去做人。

★ 根据这段话，可以知道"我"：

A 就要毕业了　　B 考试成绩差　　C 还没找工作　　D 有四位老师

78. 朋友问我，如果突然有了一亿元，你打算怎么花？我想，我会用它来帮助那些需要帮助的人，因为钱不会给我带来快乐，但帮助别人会让我很快乐。

★ 根据这段话，可以知道"我"：

A 赚了很多钱　　B 工作很辛苦　　C 喜欢帮助人　　D 非常爱花钱

79. 春节是中国人最重视的节日。春节的时候，无论离家有多远，人们都会坐火车、坐飞机回家，跟家人一起吃饭聊天儿。

★ 春节的时候，中国人会：

A 逛街　　　　　B 回家　　　　　C 请客　　　　　D 购物

80—81.

一天，一个卖帽子的经过一片森林。他走累了，坐在树下休息，不小心睡着了。有十几只猴子跑过来，把他要卖的帽子全拿走了。卖帽子的人醒了，想拿回帽子，但是猴子们爬上了树。他很生气地往地上一坐，结果猴子们也学着他往树上一坐。这个人突然想到了一个好办法，他把手里的帽子往地上一扔，结果猴子们也像他一样，把手里的帽子都扔了下来。

★ 这个人睡觉时，猴子：

A 拿走了帽子　　B 偷了他的钱　　C 喝了他的水　　D 在树上玩儿

★ 他是怎么拿回帽子的？

A 跟猴子商量　　B 给猴子吃的　　C 让猴子学他　　D 教猴子唱歌

82—83.

我们要学会科学地生活，例如，洗澡、锻炼、睡觉等都有一个最好的时间。那么，什么时间洗澡最好呢？早上洗的话，要是水的温度不合适，很容易感冒；中午洗呢，洗完后常常会觉得很累；最好的时间是晚上睡觉以前。这时候洗一个热水澡，能够让你很容易就睡着。

★ 如果早上洗澡，要注意：
A 多穿衣服　　B 水的温度　　C 别吃太饱　　D 上班时间

★ 如果中午洗澡，人会觉得：
A 兴奋　　　　B 舒服　　　　C 难过　　　　D 很累

84—85.

中国人习惯用筷子吃饭，中国的父母从小就让孩子练习用筷子吃饭，因为他们觉得筷子用得好，孩子就会聪明。我觉得筷子特别适合用来吃面条，但是吃大块肉的时候，像西方人一样，用刀把肉弄成小块，吃起来比筷子方便。

★ 中国的父母觉得，练习用筷子能让孩子：
A 更聪明　　　B 更活泼　　　C 有耐心　　　D 吃得多

★ 吃肉时，用刀：
A 很危险　　　B 要小心　　　C 更方便　　　D 速度快

三、书 写

第 一 部 分

第 86—95 题：完成句子。

例如：那座桥　　800年的　　历史　　有　　了

　　那座桥有800年的历史了。

86. 地图　　挂着　　中国　　墙上　　一张

87. 很多　　她　　工作　　积累了　　经验

88. 羽毛球　　免费　　我们　　提供　　可以

89. 精彩　　更　　这本书　　内容　　的

90. 保证　　必须　　你　　做出　　向他

91. 没有　　签证　　他　　申请到　　来中国的

92. 这种　　效果　　药　　怎么样　　的

93. 的　　准确　　十分　　他　　回答

94. 完成　　能　　按时　　你　　吗　　任务

95. 不　　那个地方　　去　　值得　　太

第 二 部 分

第 96—100 题：看图，用词造句。

例如： 乒乓球　　她很喜欢打乒乓球。

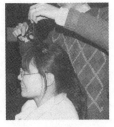

96.　　理发

97.　　硬

98.　　压力

99.　　收拾

100.　　日记